SENZA PAURA

ALESSANDRO ZAN

SENZA PAURA

La nostra battaglia contro l'odio

PIEMME

Dedicato a tutte le vittime dell'odio

Pubblicato per

da Mondadori Libri S.p.A.
© 2021 Mondadori Libri S.p.A., Milano

ISBN 978-88-566-8298-4

I Edizione settembre 2021

Anno 2021-2022-2023 – Edizione 1 2 3 4 5 6 7 8 9 10

1
Il paese civile che ancora non c'è

«Ho 27 anni e non faccio nulla di male, sono stata condannata solo perché amo una ragazza ed è un amore che la mia famiglia non ritiene normale.» La storia di Chiara è la storia di tante e tanti, sarebbe potuta essere anche la mia, quella di Alessandro, un ragazzo gay cresciuto a Mestrino, Padova, negli anni '80 del secolo scorso. Racconto quella di Chiara perché Chiara l'ha raccontata a me e prima di farlo aveva usato Instagram per chiedere aiuto, con gli occhi gonfi di pianto e paura.

È la storia dell'essere omosessuali in Italia negli anni '20, una storia che ci chiede di scegliere cosa vogliamo essere, se vogliamo essere la Polonia delle *Lgbt free zone*, dove i gay sono al bando con l'incoraggiamento pubblico, o la Francia, la Spagna, la Svezia, i paesi che hanno scelto da tempo la via dei diritti.

Chiara è scappata di casa dopo una lunga serie di violenze psicologiche, minacce, abusi. La madre aveva promesso di «squartare» la fidanzata di Chiara, ha chiamato la figlia «malata», «castigo di Dio», ha minacciato di uccidere anche lei, ha provato a investire con l'auto il padre di Chiara, che provava invano a mettere pace. Chiara ha lasciato quella casa, la sua casa, durante uno dei lockdown dell'Italia pandemica, con quattro vestiti in una borsa e pochi spiccioli in tasca, ha preso un autobus, è arrivata a Milano. Non aveva un lavoro, un posto dove dormire; è passata da una casa di fortuna all'altra, la sua comunità, la nostra comunità, l'ha accolta e aiutata, c'è chi le ha dato un divano, chi dei vestiti. Suo padre le ha detto: «Puoi tornare in qualsiasi momento». Certo, Chiara può tornare a casa, l'unica condizione è rinunciare alla sua relazione, all'amore, all'identità, a se stessa. Il patto che le veniva proposto, che è stato proposto a tante ragazze e ragazzi come lei, è sopprimere la vitalità dei suoi desideri e della sua giovinezza in cambio della pace. È questa la scelta che questo paese impone alle persone come Chiara. Mentre ci raccontiamo nei talk show e sui giornali di essere liberi, tolleranti, aperti e senza un problema di omofobia o di transfobia, ci sono giovani che devono scappare perché minacciati di essere squartati. In famiglia.

Mentre si trovava a Milano, e cercava di rimettere insieme i pezzi della sua vita, Chiara ha partecipato a una manifestazione a sostegno del Ddl Zan. Non lo racconto perché quella legge porta il mio nome: la "legge Zan" si chiama così per semplificazione istituzionale, perché le cose hanno bisogno di un nome. Quella legge appartiene a Chiara e al suo destino da ricostruire, perché attraverso il Ddl Zan il Parlamento ha chiesto all'Italia di scegliere, se stare dal lato dei diritti o da quello delle minacce, perché non è libero un paese che prova a essere su entrambi i fronti di questa barricata, tra chi vuole squartare e chi scappa all'alba, anche se questa barricata è nello spazio chiuso di una famiglia. Conoscevo, in parte, la storia di Chiara, poi l'ho incontrata personalmente durante una visita alla Casa Arcobaleno di Milano, nel maggio del 2021. È una casa rifugio per le persone Lgbt+ che si ritrovano in strada, senza un posto dove andare, a causa di minacce, di un outing forzato, di violenza, di solito tutte queste cose insieme. Nella vita, quando scappi, hai bisogno prima di tutto di un posto dove atterrare. Esperienze come la Casa Arcobaleno di Milano esistono da tempo, almeno in alcune grandi città italiane. Ce ne sono anche a Roma, Napoli, Torino. Un pezzo della legge Zan, per la quale tanto abbiamo combattuto, è stato pensato per trasformare queste iniziative locali in un sistema, una rete nazionale di centri antidiscriminazione e case rifugio, con criteri certi e finanziamenti pubblici.

Quei centri e quelle case rifugio nascono per proteggere concretamente le persone gay, lesbiche e trans dal precipizio che si apre nelle loro vite quando devono scappare dalla violenza. Era così urgente che abbiamo deciso di inserirli nel cosiddetto Decreto agosto, perché avevamo fiutato il rischio di un lungo pantano parlamentare sul Ddl Zan, e nel frattempo persone come Chiara avrebbero continuato a scappare e avere bisogno di un posto, in ogni angolo d'Italia, con le uniche case rifugio a centinaia di chilometri di distanza. Così, nell'agosto 2020, la parte sui centri anti-discriminazione e sulle case rifugio è diventata legge dello Stato. È una legislazione che risponde a un'emergenza perché, a dispetto di quello che vi racconteranno, l'emergenza sociale legata all'omotransfobia esiste. La violenza esistenziale subita da Chiara non sarebbe entrata in nessuna statistica, era invisibile eppure era anche reale, concreta, imminente e stava facendo a pezzi la sua vita.

Con quel decreto sono stati stanziati quattro milioni di euro all'anno per creare una doppia rete di risposta a queste situazioni. La prima rete è costituita dai centri antidiscriminazione, in cui ricevere assistenza legale e psicologica, mediazione familiare, supporto umano, accoglienza, affetto. La seconda rete è il tessuto delle case rifugio, destinate a chi è rimasto privo di qualsiasi tipo di rete sociale, senza un cuscinetto tra l'omotransfobia e la strada. In queste case rifugio, come quella Arcobaleno dove ho conosciuto Chiara, si può trovare calore e protezione ma anche formatori che accompagnano in un percorso di superamento del trauma e di reinserimento sociale.

Dopo il Decreto agosto, c'è stato un primo bando nazionale nel 2020, sono arrivate 94 domande, spesso da associazioni che collaborano con le amministrazioni comunali, in luoghi dove questo tipo di assistenza era spesso del tutto assente. Ogni centro antidiscriminazione riceve 100.000 euro all'anno, ogni casa rifugio 180.000 euro.

Ho un bellissimo ricordo della conversazione con Chiara, abbiamo poi continuato a scriverci, dopo l'incontro con gli ospiti della Casa Arcobaleno abbiamo parlato a lungo, la chiacchierata è diventata un aperitivo, lei era un fiume in piena, stava meglio, vedeva il futuro. La politica è soprattutto questo, dare strumenti alle persone per affrontare la propria vita.

Nel corso dei miei oltre vent'anni da attivista – perché sono stato un attivista molto prima che un politico – ho incontrato tante persone in difficoltà. Io stesso sono stato un omosessuale in difficoltà, perduto e spaventato, ho raccontato per anni bugie e ho visto per ancora più anni l'Italia raccontare bugie a se stessa. Menzogne a ogni livello, dalla politica alle famiglie: negare il maschilismo, il sessismo, la discriminazione di genere, l'omotransfobia. Nelle statistiche della Rainbow Map elaborata da ILGA (International Lesbian, Gay, Bisexual, Trans and Intersex Association) il colore dell'Italia è quasi rosso, e in questo tipo di mappe non è il colore di chi sta bene, né quello che dovremmo avere. Siamo al 35° posto su 47 per inclusione sociale e accettazione nei confronti della comunità Lgbt+. I nostri compagni di statistica sono Bulgaria, Romania, Moldova; peggio di noi solo Bielorussia, Polonia, Ungheria, Turchia e Russia. Ogni altro paese dell'Europa occidentale sta meglio di noi. Alcuni molto meglio di noi, anche paesi con una forte tradizione cattolica, che solo da noi è rimasta un alibi. Non siamo dove dovremmo essere e non è nemmeno dove siamo convinti di essere nella falsata autopercezione nazionale, e questa è la cosa più preoccupante. Vengo da decenni di conversazioni pubbliche e più di tutto, prima ancora dei diritti, in Italia manca il senso di realtà, di cosa è la realtà per le persone omosessuali e transessuali. La distanza tra i dati e la rappresentazione è spaventosa, l'Italia è il paese

11

d'Europa con il più alto tasso di omicidi di persone transessuali. Dobbiamo fare i conti con un passato di esclusione, ma anche con un presente di esclusione.

Al di là di ogni alibi, l'Italia rimane un paese patriarcale, nel quale aspettative, ruoli, prerogative sono ancora dentro quella "sceneggiatura", diventata ormai un ostacolo alla cittadinanza, un problema democratico. Il patriarcato attribuisce in modo rigido a ciascuno un ruolo nella società. Se uno esce dal ruolo che gli è stato assegnato dal patriarcato è una persona sbagliata, da sanzionare simbolicamente e socialmente. È questo il contesto che abbiamo ereditato e che proviamo a cambiare con le leggi, con l'attivismo, con i simboli, con le battaglie culturali. Ci prendono in giro, ci sminuiscono, ci dicono che i problemi sono altri, ma il patriarcato è una condanna a vita per donne e uomini, per gli etero, i gay, le persone trans. Sono vincoli tossici, che impediscono alle identità di formarsi in modo organico. Il patriarcato è una macchina di infelicità collettiva. Ovviamente sono vincoli doppiamente tossici per le persone Lgbt+, perché la loro esistenza non è in alcun modo prevista dallo schema. Un ragazzo o una ragazza gay, lesbica o trans, all'interno del sistema patriarcale, non hanno un posto nella società, non sono cittadini, quella società chiede loro di scambiare l'invisibilità con la cittadinanza: puoi esserci, e puoi tornare a casa, solo se ti nascondi, se ti neghi, se ti cancelli. È questo che noi combattiamo, è per questo che esiste il Pride, l'orgoglio. È per questo che esiste il Ddl

Zan. Ed è questo che stiamo facendo davvero quando ci accusano di "portare il gender nelle scuole". Chiediamo solo un mondo dove i bambini siano liberi di esprimere la propria identità come vogliono, schivando regole cromatiche, sui giochi, sui ruoli, sugli sport da maschi e da femmine. Sono stereotipi innocenti, finché non capisci che nessuno stereotipo è innocente, è solo l'inizio della discriminazione, della negazione della cittadinanza, del patriarcato che tramanda se stesso. Il femminicidio e la violenza di genere sono la conseguenza di questa impostazione.

La legge Zan è stata fatta anche per questo: un attacco al patriarcato sul piano simbolico, per provare a mettere a nudo l'identità ancora machista ed eteronormativa di questo paese. Sembrano parole desuete, accademiche o roboanti, ma sono la realtà che fa deragliare la vita delle persone in Italia. La legge non avrebbe avuto l'opposizione che ha avuto se non avesse smascherato decenni di bugie autoindotte sulla libertà e la tolleranza, se non ci avesse ricordato quanto eravamo indietro mentre credevamo di essere avanti, se non avesse spezzato il sogno di un paese civile e avanzato che ancora non c'è. La legge Zan è la voce dello Stato che non accetta più che delle persone vengano minacciate, insultate, picchiate, uccise semplicemente perché esistono. Se lo Stato deve dirlo con una legge è perché succede, succede ogni giorno, è perché in Italia si viene picchiati e uccisi per quello che si è, per qualcosa che non si sceglie, perché io non ho mai scelto di essere gay, io sono gay. Dobbiamo imparare a dirci la verità: se attraversi i binari della metropolitana per picchiare due ragazzi omosessuali, lo fai perché senti che il tuo paese ti autorizza a farlo. La questione centrale della legge non è nemmeno la deterrenza, ma quel piano simbolico e culturale nel quale – per tante persone – tutto sommato si può insultare un gay, si può minacciare di squartare una figlia perché è lesbica.

E invece no: lo Stato non ti autorizza, lo Stato ti punisce ulteriormente se lo fai perché, attraversando i binari per pestare due persone sulla base del loro orientamento sessuale, stai violando uno spazio di libertà, stai negando la loro cittadinanza. Ogni atto di omotransfobia tollerato è anche questo: una violazione della democrazia, una negazione dei diritti di cittadinanza. L'alternativa è tra la discriminazione delle minoranze, quindi avallare l'omofobia di Stato, e un allargamento dei diritti che migliora la qualità della vita democratica di tutte e tutti. Non c'è una via di mezzo, non c'è mai stata, sicuramente non c'è più. Dobbiamo ogni giorno scegliere che paese siamo, in compagnia di quali altri paesi vogliamo stare.

Quando ho incontrato le ragazze e i ragazzi della Casa Arcobaleno di Milano ho pensato per l'ennesima volta tutto questo, sono i pensieri di una vita, un flusso iniziato la prima volta che sono entrato nel circolo Arcigay di Padova, la prima volta che ho scelto di non nascondermi, dal momento del mio coming out privato, poi pubblico, infine politico. Nella Casa Arcobaleno all'inizio c'era dell'imbarazzo, perché io ero il parlamentare e loro giovani persone allo sbando. Ma io stesso sono stato una giovane persona allo sbando, e ho portato la memoria di quello sbando in Parlamento.

Hanno iniziato a raccontarmi le loro storie di dolore e per me sono stati uno specchio, perché la loro sofferenza poteva essere la mia. Siamo concittadini di discriminazione, avevamo storie e percezioni in comune. Io, però, sono stato fortunato. I miei genitori non mi hanno mai cacciato di casa, né mi hanno picchiato. Ho avuto il privilegio di poter andare via da Mestrino e da Padova, trascorrere un periodo all'estero, per incubare al sicuro e senza minacce la mia vita futura.

Ma il confine tra la loro storia e la mia è molto sottile. Il passo dal non essere discriminato a esserlo dura un attimo, potevo attraversarlo senza rendermene conto anch'io, nell'Italia di vent'anni fa, o nell'Italia di oggi. L'inquietudine diventa paura in un istante, quando una persona gay o trans decide di rivelarsi e vivere libera. È questo che combattiamo, la mia è la lotta di generazioni di attivisti che in Parlamento hanno cercato per decenni di scrivere una legge contro i crimini d'odio.

2
L'emancipazione del Televideo

Come tanti omosessuali italiani, anche per me il processo per diventare una persona adulta è passato da un atto di rottura con la mia famiglia d'origine. Non dimenticherò mai quanto sono stato fortunato, perché quella rottura è stata dolorosa, ma non traumatica, strappo e non ferita. Non è stata precoce, ma è arrivata quando avevo ancora un'intera esistenza da costruire. Sono cresciuto in una famiglia tradizionale, ma ho avuto il privilegio di non perdere tutto quando ho detto al mio mondo di essere omosessuale. La vita ha traiettorie strane, la mia è stata comunque una fuga, e il luogo che più ha accelerato la mia crescita è una città industriale nel Nord dell'Inghilterra. Anni dopo, nella terribile notte della Brexit, Sunderland fu l'inizio della crepa del Leave. Ci ero arrivato alla fine degli anni '90; a quel tempo, come si dice, ero ragazzo, uno studente di ingegneria, appassionato di matematica e di politica, avevo pochi soldi, l'aereo me l'avevano pagato i parenti con una colletta, senza sapere che la destinazione finale non sarebbe stata solo un proficuo percorso di apprendimento dell'inglese ma anche un turbolento coming out. Ero soprattutto, come tante persone con una storia come la mia, un essere umano pieno di segreti, avvelenato dai segreti.

Negli anni '80, prima di Sunderland e del coming out, non c'erano i social, non c'erano i Pride, c'erano al massimo i video dei Culture Club per sperimentare almeno un vago senso di riconoscimento. La prima e più basilare forma di discriminazione per un ragazzino come me è la non collocazione. Nessuno sa cosa sei e quindi dove metterti. In fondo, spesso non lo sai nemmeno tu. Alla scuola media non avevo ancora formulato l'idea di essere gay, ma sapevo con certezza di essere una persona non conforme. I miei compagni non sapevano cosa farsene di me, io non sapevo cosa fare di me stesso. Si sentiva che ero diverso, ma né io né loro sapevano formulare un perché. Il mondo era un sistema chiuso senza una sedia per me. L'omosessualità era un vago e lontano tabù, avevo una cotta per il mio compagno di banco, che stava tranquilla e al sicuro nel silenzio della mia testa. Non sapevo niente del mondo che mi aspettava ma ne sapevo abbastanza da capire che se ne avessi parlato avrei ricevuto eterna derisione, esclusione, probabilmente dei pugni.

Prima di scoprire la passione per la matematica e la fisica che avrebbero fatto di me uno studente di ingegneria delle telecomunicazioni, ero attratto dalla creatività, dal disegno, dall'espressione, come di solito si è attratti da quello che non si ha: così frequentai l'istituto d'arte. In quegli anni imparai la parola gay e il fatto che il mondo in cui vivevo non aveva uno spazio nel quale potessi trovarmi perché era concepito, pensato, costruito a misura di giovane eterosessuale. «Eteronormativo», avrei detto da adulto. Tutti intorno a me avevano un amore, delle relazioni, la scoperta degli altri che si fa a sedici anni, mentre io rimanevo un estraneo, un passeggero di terza classe, senza cabina e senza voce.

Nel grande disegno della vita succede di perdersi l'adolescenza, per i motivi più diversi: carattere, salute mentale, problemi sociali o familiari. Io persi la mia perché ero gay e i gay in Italia negli anni '80 e '90 avevano un solo compito, molto preciso, da interpretare a piacere: nascondersi.

A diciotto anni, con la maturità in vista e un futuro nel più ottimista dei casi incerto e nebuloso, non ne potevo più di vedere la gente innamorarsi, lasciarsi, riprendersi, fare sesso, raccontarmi il sesso che avevano fatto. Ero frustrato, così andai nell'unico spazio dove un gay di provincia in quegli anni poteva trovare qualcuno con cui uscire senza avere paura che tutti quei preziosi segreti venissero alla luce: accesi il Televideo. Su quello di Videomusic c'era una rubrica degli annunci e tra quegli annunci c'erano anche i "Lui cerca Lui". È ironico che nell'elettrodomestico più comune, nel mezzo di comunicazione più popolare e retrivo, ci fosse la prima via d'uscita. La liberazione a volte la immaginiamo sfavillante, colorata, edonista, per me furono i caratteri bianchi sul nero del Televideo, era la cosa più inclusiva che avessi trovato nella mia vita, si era spalancato un mondo. Potrebbe far ridere – effettivamente fa ridere – ma non è un'Italia così distante da quella di oggi, che ha ipocrisie simili ma almeno più scappatoie digitali a disposizione. In ogni caso, quando trovavi un annuncio di tuo gradimento telefonavi alla casella vocale, inserivi il codice, ascoltavi la voce registrata, lasciavi un messaggio, e così via. Era molto macchinoso, ma così ho avuto il primo appuntamento della mia vita. Ero agitato, ero in realtà terrorizzato, ma avevo da poco preso la patente ed era già un quarto di libertà. Presi l'auto di mio padre e guidai fino ai Colli Euganei, dove diedi il mio primo bacio. La mia fuga in slow motion comincia così: il Televideo, una casella vocale, un bacio con un ragazzo più grande ed esperto di me, il ritorno a casa.

«Cosa hai fatto Ale?»
«Niente, ho visto degli amici.»

All'università appresi l'arte del pendolarismo omosessuale. La mattina prendevo l'autobus da Mestrino, arrivavo a Padova, dove ero uno studente gay di ingegneria con un fidanzato altoatesino, Isaak. La sera prendevo lo stesso autobus da Padova, tornavo a Mestrino, dove ero un figlio solitario che non portava mai una ragazza a casa, che aveva frequentato l'istituto d'arte per poi scoprire i numeri, che studiava ingegneria e non si capiva cosa volesse fare di sé e della vita in generale. Ero libero, ma la mia libertà era a tempo, scadeva quando partiva l'ultimo bus per la provincia, ed era segreta. Quello era il massimo risultato del mio negoziato interiore con i segreti, con la mia famiglia e soprattutto con mio padre, leghista, umorale, imprevedibile, autoritario, ossessionato dalla politica. Non dicevo bugie esplicite, sulla mia vita c'era una coltre di silenzio dentro casa e la casa era il confine ultimo del mondo. Mio padre aveva costruito per me, mia sorella e mio fratello un mondo su misura dei suoi terrori personali: da ragazzino aveva perso il fratello, morto per uno schianto in moto, e per lui la vita era tutto un incidente in attesa di accadere. La sera dovevo tornare sempre a casa, per essere protetto dai pericoli del mondo, così la mia libertà sessuale era un cronometro quotidiano, che partiva con la corsa di mezz'ora verso Padova e si esauriva con la corsa di mezz'ora verso Mestrino.

Quella parte della mia giovinezza fu una lunghissima coda dell'infanzia. Avevo un fidanzato, ma se in televisione appariva qualcosa di gay ed ero con mio padre mi irrigidivo. Non tanto per la paura di essere scoperto, quanto per quella di commenti negativi, perché ognuno di quegli insulti contro la tv e qualsiasi accenno di omosessualità avrebbe spalancato ancora di più la crepa già grande tra me e il coraggio che mi serviva per dire la verità a mio padre. Non ho mai nemmeno avuto la mitologia degli amici della via, a Mestrino. Ci giocavo, gli volevo anche bene, me ne volevano, erano il mio mondo, ma non mi sentivo come in *Stand by Me*, perché gli amici che avevo a dodici anni erano tutti ferocemente omofobi. Non era del tutto colpa loro, il mondo gli aveva chiesto di essere così. Era un protocollo, loro vi si attenevano e in fondo, nascondendomi, anch'io mi ci attenevo.

Tanti giovani vivono ancora oggi una vita come la mia. Oggi ci sono antidoti nuovi, che noi non avevamo: i social, la maggiore visibilità, una quantità di modelli di riferimento, l'evoluzione delle parole. Ma la visibilità dà anche più coraggio agli omofobi, li manda in missione, li galvanizza. A Palermo due ragazzi sono stati aggrediti perché si tenevano per mano, non da cinquantenni con trent'anni di omofobia sulle spalle, ma da giovanissimi. Vedere tanti adolescenti che parlano di fluidità e intersezionalità è bellissimo, ma non deve illuderci che basti il progredire delle generazioni e dei loro costumi per guarire dalle discriminazioni. La strada verso il cambiamento non può contare solo sull'inerzia del tempo, perché l'omotransfobia è un'eredità infetta che si tramanda ancora senza tassa di successione. E la scuola, come spazio pubblico e di cittadinanza, è decisiva per spezzare questo ciclo di discriminazione.

Per questo motivo la legge Zan prevede interventi nelle scuole contro la discriminazione, con progetti per il riconoscimento di tutte le differenze. L'educazione è l'unica cura in grado di avere effetti duraturi. Il fatto che la politica sia divisa anche su questo la dice lunga sull'arretratezza di questo paese.

La mia personale risposta agli anni di pendolarismo tra Mestrino e Padova, segreti e libertà, fu il progetto Erasmus. Volevo imparare l'inglese, l'unica possibilità offerta dalla mia facoltà era la città di Sunderland e così

Sunderland fu l'improbabile inizio del mio percorso di emancipazione. Non è la città più bella del mondo, nemmeno la città più bella d'Inghilterra, nemmeno la città più bella nel Nord dell'Inghilterra, ma aveva una grande qualità: non c'era mio padre, e si fece voler bene per questo. Quando arrivai, avevo pochi soldi e ancor meno lessico d'inglese. Abitavo con un nordirlandese e un indiano, la casa aveva la moquette rossa macchiata e una scala ripidissima, non potevo essere più felice di così. Smarrito, senza strumenti e libero. Eppure la liberazione tardava. L'adolescenza non era pervenuta, i primi anni di università erano stati intermittenti, a Sunderland non avevo ostacoli, ma ero pur sempre io, Alessandro da Mestrino, una persona ancora tutta da costruire.

Frequentavo dei ragazzi greci, uno di loro mi disse una delle più pittoresche frasi omofobe che avessi mai sentito, scandì bene che essere gay era contro natura perché "nasciamo dalla vagina e dal buco del culo esce solo merda". Andavo a giocare a biliardo con degli inglesi, traslocai nel campus sulla riva del fiume e perfezionai la mia esperienza gay con le rudimentali chat dell'epoca, passando dal Televideo di Videomusic a MIRC. In chat ero gay. Gay e basta. Così feci le mie prime esperienze e, soprattutto, entrai così in contatto con la prima associazione Lgbt+ della mia vita.

Come ogni emancipazione, anche la mia nel contesto di Sunderland fu imperfetta e migliorabile. Avevo iniziato a esplorare, ma la mia era ancora una vita a compartimenti stagni, fatta di stanze segrete, di chat, di gruppi di persone che avevano informazioni diverse su di me, una verità su Alessandro predigerita a favore del mondo, per togliere alle persone la fatica di confrontarsi con la mia omosessualità.

Avevo un'amica italiana, in Inghilterra. Mi voleva bene e le volevo bene. Anche con lei ero stato più volte sul punto di fare un vero coming out, e sicuramente ormai suggerivo la mia natura in ogni possibile modo, ma le parole non erano venute fuori. Alessandro senza voce, senza una voce che sappia dire: sono gay.

Però Sunderland aveva fatto un'ultima fondamentale *inception* per la mia vita: la militanza, uno spazio di liberazione e lotta, dove trovare persone come me. Mi risultava naturale e facile combattere per i gay di tutto il mondo più che per la mia personale omosessualità. Così, quando l'Erasmus finì, la prima cosa che feci una volta tornato a Padova fu entrare nella sede del circolo Arcigay, la scelta che avrebbe cambiato e indirizzato tutta la mia vita. Quella sera mandai una mail alla mia amica italiana. Non le dissi: «Volevo dirti che sono gay». Le dissi: «Volevo raccontarti che oggi sono andato all'Arcigay di Padova». Tanto le bastò, in fondo lo sapeva da tempo. E bastò a me: il mio primo coming out conteneva quella parola che facevo tanta fatica ad accettare – gay – ma dentro l'Arci. La militanza e la politica furono la mia strada verso l'emancipazione vera.

Il futuro era iniziato così.

3
La montagna da scalare

Le famiglie possono essere un rifugio nella tempesta, oppure una montagna da scalare. Spesso, nelle vite concrete di tutti noi, sono un dosaggio variabile di entrambe le cose, dosaggio che dipende dalla stagione della vita, dai momenti, da quanto si cresce o si riesce a mettersi in gioco, perché le famiglie, come le cime, con fatica e dialogo a volte si addomesticano. La mia montagna da scalare è stata mio padre, Lamberto. Lamberto Zan è stato un uomo che a lungo ha guardato all'omosessualità come a una malattia da curare, una sciagura che colpiva i padri sfortunati. Lamberto è stato anche, un decennio dopo, il grande sostenitore della mia strada politica, delle battaglie mie e della comunità, ha diffuso volantini, ha convinto persone, ha tifato per me, ha capito, e quello che non ha capito l'ha comunque accettato.

Da Lamberto ho ereditato il viso e la passione viscerale per la politica. Da Lamberto, per fortuna, non ho invece preso il senso quasi religioso della paura come significato della vita. La paura era la sua montagna, non la mia. Aveva un rapporto difficile con suo padre, anche lui si chiamava Lamberto Zan. A mio padre avevano dato lo stesso nome perché credevano che mio nonno fosse morto in guerra. Invece tornò, per crescersi un figlio che portava il suo stesso nome, come una piccola lapide vivente. Mio nonno faceva il barbiere a Limena, il paese dove ho vissuto da bambino e dove ho frequentato l'asilo, da suore che mi insegnarono a cantare *Bella Ciao*. Lamberto senior da giovane, a volte, era violento, era un prevaricatore, voleva un figlio obbediente e barbiere, ma Lamberto junior voleva invece essere un uomo indipendente. Chiedeva quello che avrei poi chiesto anch'io, emancipazione, perché ogni famiglia ha una verità che attraversa le generazioni e questa è la nostra. Entrambi condivisero un dolore: Giancarlo, fratello maggiore di mio padre, primo figlio di mio nonno, morì in moto, diciottenne, per un incidente, insensato come tutti gli incidenti. Un trauma che è sgocciolato fino alla mia generazione. Mia nonna, Maria, crollò per il dolore, trascorse gran parte della vita vestita di nero, si riprese solo negli ultimi anni.

Per mio padre il dolore ha preso la forma di quella instabilità psicofisica che lo ha accompagnato per tutta la vita e della paura che sarebbe stata la sua grande regola di vita. Aveva l'ossessione per i pericoli, per gli incidenti, gli annegamenti, le malattie. Era ipocondriaco e avido lettore dell'enciclopedia medica, si diagnosticava una malattia nuova a settimana – come oggi qualcuno fa su Google –, finché mia madre la buttò via, tutta insieme, perché non ne poteva più. Lui ha cercato e trovato riscatto nel lavoro, lontano dal negozio di barbiere di Limena che era stato scelto come suo destino. È diventato un venditore, un formidabile venditore di prodotti cosmetici. Il suo riscatto, la sua libertà, erano stati viaggiare e commerciare. Era bravissimo a fare quello che faceva.

Clara Rizzi Zan, mia madre, era figlia di Mario Rizzi, un orgoglioso ferroviere con la passione per la terra da coltivare e curare. Mia nonna Laura era una colta autodidatta come se ne trovavano tante nelle province italiane degli anni '50 e '60: non aveva potuto studiare come avrebbe meritato, ma leggeva tantissimo, ascoltava l'opera, aveva una mente brillante e tollerante, l'ho sempre sentita affine a me, vicina al mio modo di vedere la vita. Mia madre, Clara, era una donna attenta ai figli ma mai possessiva, il suo grande talento era parlare con chiunque, ha ancora oggi un modo di comunicare del tutto privo di barriere. Il suo valore è stato l'indipendenza, è così che ha cresciuto me, mio fratello Massimo e mia sorella Eleonora: persone indipendenti, in grado di badare a se stesse. Mia sorella fu la prima persona della mia famiglia a chiedermi se fossi gay, anni prima del mio coming out. Eravamo in bagno, lei si stava pettinando, io mi stavo lavando le mani. «Guarda che se sei gay me lo puoi dire, non è un problema.» Certo che non era un problema, ma dovevo fare il mio percorso per accettarlo. Nostra madre è sopravvissuta a un cancro e a un marito difficile, dispensatore di entusiasmi e malumori, uno di quegli uomini patriarcali che guidano le famiglie al ritmo dei

31

propri stati d'animo. Clara ancora oggi è la donna più elegante che io conosca.

Mio padre Lamberto era un leghista vecchia scuola. Non ha mai fatto politica attiva, per lui la politica era un modo di vedere e capire la realtà, di interessarsi al mondo. Umorale, appassionato di politica e leghista: esiste una combinazione più complessa da gestire per un figlio gay? La sua era la Lega Nord della retorica sui veneti e i lombardi che pagavano le tasse anche per i meridionali, il Sud come palla al piede dell'Italia. Non era ancora la Lega razzista e omofoba di Salvini, ma gli elementi perché lo diventasse c'erano già tutti. Mio padre è scomparso da anni ma ha fatto in tempo a vedere la tossicità di quei valori e questa metamorfosi, compresi gli attacchi del partito che votava contro di me. Mio padre ha cambiato quelle idee, per amore, per onestà intellettuale o per una combinazione delle due cose. Ma è stata una strada lunga, per lui e anche per me.

Al mio ritorno dall'Erasmus a Sunderland tanta di quella strada io l'avevo ormai percorsa, avevo solo bisogno di una piccola spinta e la trovai ancora una volta nel più improbabile dei luoghi: l'aula studio dell'università di Padova, ospitata in un vecchio magazzino ristrutturato della Fiat. Si chiamava Carlo, me ne innamorai come mi sarei dovuto innamorare da adolescente: istantaneamente, solo perché hai visto qualcuno. Io vidi lui, con i capelli ricci, gli occhi azzurri, alto, magro, un modo di camminare quasi felpato. La mia mente si era chiusa come una tenaglia intorno a quella segreta ossessione per un perfetto sconosciuto. Non studiavo più, passavo le giornate ad aspettarlo, a guardarlo, a pensare a lui, a immaginare una vita insieme. L'amore, quando arriva per la prima volta in quel modo, è un incantesimo. Passavano i mesi e continuavo a masticare questo sentimento privato e impossibile da dichiarare, non conoscevo nemmeno il suo nome. Ma ero diverso, ero pronto, così una mattina andai da lui e gli dissi quello che avevo da dirgli, che potevo sembrare un pazzo, che forse ero un pazzo, ma che mi ero innamorato di lui. Come dentro *L'amore fatale* di Ian McEwan avrei anche potuto dirgli: «Puoi ridere di me, ma non troppo forte. Puoi essere crudele, ma non così tanto». Mi ascoltò con uno sguardo accogliente, mi disse: «Piacere, sono Carlo». Poi aggiunse: «Non sono gay, ma sono lusingato da quello che mi dici». Non ci siamo parlati mai più, ma era un altro pezzo di coming out che veniva fuori. Mi nascondevo sempre meno, mi aprivo sempre di più.

Per tutto il resto ci fu l'Arcigay, il leggendario circolo Tralaltro di Padova, uno di quei pochi luoghi dei quali posso dire che hanno cambiato per sempre la mia vita. La prima cosa che mi chiesero di fare, subito dopo essermi iscritto, fu di partecipare alla colletta per pagare la bolletta della luce, perché la politica è anche questo. Nel primo anno al circolo spazzavo per terra e pulivo i bagni, ma in poco tempo entrai nel consiglio direttivo, avevo passione, urgenza, fame e anni di segreti da ribaltare. Il Tralaltro, che era in una complicata fase di passaggio per uscire dalla rete ufficiale dell'Arcigay, si era preso subito uno spazio enorme nella mia vita ed ero deciso a ricambiare, offrendo tutto quello che potevo. La mia, però, era ancora una vita divisa in due, Alessandro attivista gay a Padova, Alessandro recluso in casa con i suoi genitori a Mestrino. La situazione era sempre più paradossale, divenne pressoché comica il giorno in cui mio padre trovò la rivista dell'associazione nella sua auto, una grande Alfa 164 nera, che usavo occasionalmente anch'io. Per lui quella macchina era il simbolo imprescindibile del suo benessere e del suo riscatto, per me un'astronave imbarazzante, difficile da guidare e parcheggiare, mi faceva sentire goffo. Non saprò mai se quel numero l'ho lasciato davvero per sbaglio, in quell'auto, o se una parte di me ormai remava contro l'architettura dei miei segreti e disseminava indizi ogni volta che la mia distrazione le concedeva un'opportunità. Mio padre entrò in casa, urlando e brandendo il giornale, col Pegaso sulla testata, simbolo del movimento gay. Inventai una scusa, destinata a essere l'ultima: «Papà, non è mio, mi occupo dei movimenti studenteschi, tra loro ci sono anche questi dell'Arcigay». Io ero terrorizzato, lui furente, mia madre mi difendeva. In quel trambusto, nessuno pronunciava la parola gay ad alta voce, ma ormai era lì, pronta a essere afferrata.

L'ultimo miglio del mio coming out familiare lo devo a Laura Balbo, sociologa coraggiosa, esponente della sinistra ecologista, ministra delle Pari opportunità dei due governi D'Alema tra il 1998 e il 2000. Nel circolo apprezzavamo il suo essere pro diritti senza tentennamenti. Balbo è una donna straordinaria e in anticipo sui tempi, da ministra diede un incarico a Franco Grillini, il primo nella storia istituzionale italiana dedicato esplicitamente al miglioramento dei diritti degli omosessuali.

Riuscimmo a organizzare un evento al Tralaltro, c'era un fermento enorme, eravamo molto fieri e per me era il momento di fare il salto definitivo. Sarebbe stato un momento pubblico, ero tra gli organizzatori, non si tornava indietro. Presi una delle locandine dell'incontro e la portai a mia madre: «Guarda, mamma, con l'Arcigay abbiamo organizzato questo». Per l'ennesima volta, l'attivismo era lo scudo a difesa della mia verità. Non le dissi: «Sono gay». Le dissi: «Sono un attivista per i diritti delle persone gay come me». Lei era disorientata ma... non stupita. Sapeva che quel momento sarebbe arrivato ma non si era mai preparata, forse anche quella era una forma di saggezza e un donare indipendenza. La mossa, la scelta e il linguaggio toccavano a me. Lei stava stirando e mi chiese solo di sedersi, di prendere fiato. Da lì in poi, fino a oggi e per sempre, solo amore. Amore e sostegno, ed era l'unica cosa che io chiedessi. Però aggiunse: «E ora che cosa dirà tuo padre?».

Ecco, mio padre non disse molto. Era seduto in poltrona, per fare il mio coming out più difficile usai il trucco ormai consolidato, con una piccola variazione *ad personam* tutta per lui: «Papà, ricordi quel giornalino dell'Arcigay che avevi trovato in macchina? Ecco, quella copia era mia, non era lì per caso». Lui si mise la mano sulla fronte e pronunciò una frase a modo suo commovente: «Io non ci capisco più niente». Non mi parlò a lungo, quel giorno iniziò la lunga stagione del silenzio. Capii che dovevo andare via. La mia vita accelerò, prese ritmo, iniziarono a succedere cose, tante cose, come spesso dopo un coming out, perché è come se un tappo saltasse all'improvviso e tutta l'energia repressa venisse fuori insieme.

La mia vita a Mestrino era finita così, col silenzio di mio padre Lamberto e il sorriso accogliente di mia madre Clara. Trovai un lavoro: insegnavo informatica agli adulti in una scuola serale di Padova, cose semplici, come Word o Excel. Nel tempo libero studiavo ancora all'università e davo gli esami. Ma ormai le mie giornate erano in gran parte dedicate a quella cosa che mi aveva salvato la vita e tirato fuori di casa: la militanza per i diritti. In poco tempo sono diventato presidente del circolo Tralaltro e ho affrontato la sfida più grande della mia vita fino a quel momento: portare per la prima volta il Pride nazionale in una città di provincia come Padova.

Quando sono andato via di casa non potevo ancora rendermene conto, ma con mio padre avevo finito di scalare la montagna. Eravamo diversi, ero sicuramente un figlio che lui non si sarebbe mai aspettato di avere, ma avevo qualcosa che poteva capire, con cui sarebbe riuscito ad avere un rapporto: la passione per la politica. Era combattuto quando ne parlava, diviso tra paura e orgoglio. Negli anni, però, sulla paura ha vinto la fierezza, nei confronti di quel figlio che maneggiava la sostanza che più l'aveva appassionato nella vita. L'azione politica è stata la chiave per l'accettazione reciproca. Quando sono diventato parlamentare per la prima volta, nel 2013, per lui è stato il massimo; durante la campagna elettorale era stato il mio primo sostenitore, un instancabile distributore di volantini col mio nome e le mie battaglie per i diritti. Mio padre ha fatto un percorso lungo, faticoso, di avvicinamento alla mia natura e di riavvicinamento a me. La politica è stata la nostra sponda, sul resto non aveva strumenti, era invaso dal pudore, dalla timidezza, dal calco interiore del patriarcato. Servono generazioni per scardinarlo. Ha avuto una malattia lunghissima, i suoi ultimi anni sono stati di grande fragilità, oggi mi viene da dire quasi di tenerezza.

Ho la sensazione che Lamberto avrebbe voluto capirmi più di quanto riuscisse a fare. Una volta, ed era già in ospedale, un anno prima di morire, mi disse: «Perché non ti sposi e fai un figlio?». E in quella conversazione parlava ormai di una vita con un uomo, eravamo nel pieno della battaglia delle unioni civili, per lui era un modo per augurarmi nella stessa frase la felicità nella vita e il successo in politica. Gli dissi quello che dicono i figli single ai genitori preoccupati: «Papà, non è una cosa che si decide, quando troverò la persona giusta lo farò»; e in fondo il sottotesto era: «Papà, tanto io sono già fidanzato con la politica», era vero, e lo è ancora. Vent'anni di attività hanno lasciato poco spazio per la stabilità sentimentale, i progetti personali, l'amore. Mio padre è morto nel 2016, gli ultimi giorni furono il culmine di questo processo di riconciliazione tra di noi, leggevamo il giornale insieme, e se quelli che un tempo aveva votato mi attaccavano, lui diceva: «Guarda questi fascisti!». Per la stessa cultura patriarcale della quale è stato figlio ed erede, ha fatto una fatica immensa a esprimere i suoi sentimenti, a piangere, a lasciar andare quella lunga eredità di dolore che aveva irrigidito il suo mondo. Però alla fine ci siamo lasciati andare entrambi, aveva voglia di godersi suo figlio, io avevo voglia di godermi mio padre.

4
La bussola dei diritti

Gli anni tra il 2000 e il 2002 sono stati decisivi per il movimento dei diritti in Italia, per il mio piccolo mondo della comunità a Padova, e per me in particolare. Il World Pride a Roma, nel 2000, anno del Giubileo, ha cambiato la storia per una generazione di attivisti italiani e ha aperto la via a quella successiva. Venne organizzato il Pride Mondiale con un presidente del Consiglio di sinistra in carica, Giuliano Amato, che entrò nel dibattito dicendo di essere personalmente contrario a permettere un Pride a Roma durante il Giubileo, davanti al papa, ma che purtroppo c'era la Costituzione a garantirlo. Una frase pronunciata in Parlamento; questo era il clima nell'anno 2000. Amato sui giornali veniva descritto come il dottor Sottile, ma per noi da quel momento fu il dottor Purtroppo.

Intorno a quel Pride ci fu un dibattito duro, a volte degradante, ma utile, utilissimo. Era un pantano da attraversare, non il primo, non l'ultimo. Per la battaglia sui diritti in Italia la svolta era che si parlasse apertamente e in pubblico di gay, lesbiche e trans, delle nostre vite, dei nostri bisogni. La concomitanza del Giubileo e del Pride a Roma ebbe l'effetto di spingere l'opinione pubblica a una riflessione forzata. Gli italiani non volevano proprio parlare di questi temi, a loro la strategia dei decenni precedenti – vergogna, invisibilità e oblio – andava ancora benissimo, ma avere il Pride per mesi in tv e sui giornali ha cambiato lo scenario, e lo ha cambiato per sempre. Il World Pride romano andò peraltro benissimo, vennero persone da tutto il mondo, fu duro arrivarci e bellissimo esserci. Tornammo tutti a casa carichi, pieni di speranza, di orgoglio. Non l'orgoglio di essere superiori, ma l'orgoglio di aver seppellito la stagione della vergogna per tutte e tutti. Fu quella l'*inception* del Pride a Padova: se abbiamo potuto farlo davanti al papa, possiamo farlo dappertutto, e quindi possiamo farlo anche a Padova.

A Padova quelli erano i miei primi anni di attivismo, iniziati pagando una bolletta e pulendo i pavimenti e i gabinetti. Intorno a me la situazione era politicamente delicata, il circolo Tralaltro aveva fatto una scelta antagonista, molto comune in quella fase: era uscito dalla rete dell'Arcigay. Chi aveva preso quella decisione riteneva che nell'organizzazione nazionale c'era troppa politica, intesa in quel senso deteriore che poi sarebbe diventato di massa un decennio dopo. Una posizione che non avrei mai condiviso: la politica è vita, la politica è dove cambiano e migliorano le vite concrete delle persone. Ma loro volevano un ritorno alle origini, alla purezza, alla libertà assoluta di movimento fuori da qualsiasi vincolo istituzionale. Il turbamento interno di un circolo a Padova può sembrare una piccola e remota questione locale, ma conteneva gli indizi di vent'anni di politica a venire. Io mi sono battuto perché tornassimo subito nell'Arcigay, volevo che il movimento avesse la massima visibilità, come quando avevamo sfilato nella Roma del Giubileo. Era quella la direzione, non la nicchia massimalista nella quale si è protetti dal compromesso come dal cambiamento.

La lotta per i diritti vive sempre su questo delicato equilibrio, deve saper essere avanguardia senza rinunciare a coltivare il pragmatismo. Il movimento è sempre stato avanguardia, dalle origini a oggi ha guardato alla piena e totale parità dei diritti, al matrimonio egualitario, alle adozioni, alle libertà e ai diritti civili nella loro accezione più ampia. Ma poi c'è la politica, che è il regno del pragmatismo, dei passi che possono sembrare piccoli nel presente, addirittura deludenti, ma che sono sempre passi avanti, miglioramenti tangibili nell'esistenza reale degli esseri umani. Nessuna grande battaglia è stata vinta in un colpo solo e nessuna legge sarà perfetta, ma ogni legge va a un certo punto portata a casa. Come ci si orienta su un filo così sottile? Anch'io vedo il rischio di perdersi nel piccolo cabotaggio, nell'accontentarsi, nel «tirare a campare», avrebbe detto qualcuno, ma la verità è che in questo movimento nessuno si è mai accontentato. Il 2021 lo dimostra, ci siamo messi contro tutti, perfino il Vaticano, con la sua impensabile ingerenza, la nota verbale che è un inedito assoluto nei rapporti tra Stato e Chiesa. Per me, quel risveglio, quella mattina, con titolo del «Corriere» e il telefono invaso di messaggi, era la prova che la bussola era solida, ben tarata e indicava la direzione corretta. La bussola è quella che si tramandano generazioni di attivisti, che ho ricevuto dai miei maestri e che passerò a chi verrà dopo di me a combattere tutte le altre battaglie rimaste. La bussola dice: si può discutere su tutto, si deve cercare un compromesso, ma sui diritti e sulla dignità delle persone non si media mai.

C'è una cosa che dobbiamo sempre ricordarci: parliamo della vita delle persone, una parola in più o in meno, dentro una legge, possono significare una discriminazione in più o in meno sulla pelle di queste persone. L'ho visto nella lotta che sto conducendo, il Ddl contro la misoginia, l'omotransfobia e l'abilismo. Il dibattito si è focalizzato sull'identità di genere, come se fosse un nostro vezzo, la richiesta assurda di un movimento radicale, una lobby, addirittura, con la sua dottrina. Assurdità fuori dalla realtà, è la Corte Costituzionale ad aver sancito, in due sentenze, che il riconoscimento all'identità di genere è un diritto inviolabile della persona. La prima sentenza è la 221 del 2015: l'identità di genere quale elemento costitutivo dell'identità personale, a pieno titolo tra i diritti fondamentali delle persone. La seconda è la 180 del 2017, ulteriore passo avanti e fondamento costituzionale del Ddl Zan: l'aspirazione del singolo alla corrispondenza tra il sesso attribuito nei registri anagrafici e quello percepito contribuisce al diritto di cui sopra, quello dell'identità di genere. Chi vuole togliere l'identità di genere dalla legge sta provando a violare la Costituzione e a escludere dalla protezione le persone transgender, che sono le maggiori vittime di violenza, quelle che hanno più bisogno di tutela, i più discriminati tra i i discriminati. Sono queste le bussole che ci orientano quando si tratta di scegliere tra avanguardia e riformismo: sui diritti non si media. Ma anche arrivare a questo punto, nel 2021, è stata una lunga strada, e torniamo all'inizio del decennio scorso, quando un piccolo circolo di provincia come il mio era dilaniato dallo stesso dilemma di sempre: tra la voglia di essere avanguardia e il bisogno di contare.

In quel trambusto, diventai presidente del circolo Tralaltro a Padova, in un certo senso ormai ero il rappresentante pubblico più visibile di tutta la mia comunità, era un altro pezzo del mio percorso di piena emancipazione, un altro modo per dire al mondo che ero gay. Era ancora l'onda lunga di quel mio ritorno dall'Inghilterra, con una voglia sempre più irrefrenabile di partecipazione politica, di mettermi in gioco per completare il percorso mettendo il mio privato nel pubblico. Quello a cavallo dell'anno 2000 per me fu un periodo di attivismo sul territorio, fatto di iniziative, banchetti, presenza fisica, nel quale contava soprattutto metterci la faccia. Fu uno stress test sul fatto che fossi pienamente risolto come ragazzo gay, solo così sarei riuscito a fare tutto quello che c'era da fare. L'associazionismo è stato una seconda liberazione. E presto sarebbe arrivato l'esame finale: il Pride nazionale a Padova. Era una stagione diversa da quella di oggi, nella quale il Pride è un'onda, un intero mese in cui ogni città italiana viene coperta, toccata, valorizzata. C'era ancora una sola città da eleggere a sede nazionale: nel 2000 c'era stato il World Pride a Roma, nel 2001 era stata la volta di Milano, per il 2002 avevamo avuto la pazza idea di provare a farlo a Padova.

Il Pride non è solo una grande festa, il Pride è decisivo, perché la visibilità è il primo antidoto alla discriminazione. In un mondo ideale, se tutti fossimo visibili, ciascuno con la sua diversità, avremmo raggiunto la piena accettazione. So che non viviamo ancora in quel mondo ideale, né tanto meno c'eravamo nel 2000, quando ci fu il grande Pride mondiale di Roma. La visibilità però è sempre un atto politico, aiuta altre persone a prendere coraggio, spinge a rivendicare spazio e libertà. La visibilità conquistata con il Pride è sempre stata innanzitutto un gesto collettivo di cittadinanza: siamo noi tutte e tutti che ci mettiamo la faccia per l'inclusione di chiunque sia ancora escluso. Nel contesto dei primi anni 2000 questo bisogno era amplificato, c'era il web ma era ancora un web basato sull'invisibilità e sull'anonimato, non c'era scambio, eravamo ciechi in quel mondo digitale. Se nel 2000 eri un ragazzo gay di Padova non sapevi cosa succedeva a Roma, a Milano. Per questo il Pride era un evento socialmente dirompente.

Una delle nostre costanti battaglie simboliche di quegli anni era ricordare l'ovvio ai nostri concittadini omofobi: i gay sono dappertutto e pagano le tasse. Proprio questo c'era scritto su uno dei primi volantini che distribuii dal banchetto Arcigay di Padova, fu un concetto ripetuto nei presidi e ai consigli comunali delle città del Nord-Est, trascritto su cartelli e striscioni. Oggi magari fa sorridere, perché è certo che i gay sono dappertutto e pagano le tasse, c'è ancora bisogno di ribadirlo? Eppure solo vent'anni fa andava ribadito, anzi, nel 2001 quella era ancora una provocazione. Era il nostro tentativo di uscire dal ghetto simbolico in cui eravamo rinchiusi e dire: italiani, padovani, noi ci siamo, facciamo parte di questa società.

Durante una manifestazione a margine del consiglio comunale di Verona, che aveva adottato una mozione omofoba, reggevo un cartello con tutti i lavori che fa un omosessuale italiano, cioè tutti i lavori che mi erano venuti in mente: non siamo solo parrucchieri e parrucchiere, ma anche meccaniche e meccanici. Era ovvio, lo ripeto, ma abbiamo passato anni, decenni, anche a dover ribadire l'ovvio agli italiani, uno striscione alla volta.

Fu da presidente, e nel processo riuscito di far rientrare il Tralaltro nell'Arcigay, che conobbi uno dei miei maestri, una persona decisiva per il mio percorso politico: Franco Grillini. Gli avevo semplicemente telefonato per spiegare il mio progetto politico per il circolo, lui mi invitò a Bologna, al circolo Cassero, uno dei luoghi decisivi nella geografia delle rivendicazioni sui diritti in Italia. Grillini fu il primo a dirmi che, se davvero ero interessato alla politica, dovevo prendere in considerazione l'idea di iscrivermi a un partito. E che il partito della sinistra italiana che più si batteva per i diritti erano i DS, Democratici di Sinistra, e solo lì avrei potuto dare un seguito politico concreto a quello che stavo facendo a Padova. «Dobbiamo imporre le istanze del movimento anche a questa sinistra erede del Partito comunista, che in tema di accettazione ha sempre avuto problemi» mi disse, con sincerità e lucidità.

Ci pensai e decisi di ascoltare il consiglio di Franco, mi iscrissi ai DS e fu un trauma. Ero, letteralmente, un alieno, un omosessuale (e lì era strano), uno che non era cresciuto a pane e partito (e per loro era stranissimo). Venivo dall'associazionismo, dai circoli, che erano disordinati, spontanei, orizzontali, e mi ero unito a un esercito, verticale e marziale, con regole scritte e non scritte da imparare.

Ho conosciuto i primi esemplari di una specie che in Parlamento avrei dovuto frequentare a lungo: i politici segretamente gay. Ero, insomma, entrato in una nuova famiglia; le famiglie ci ho sempre messo un po' a addomesticarle, ci stavo riuscendo con la mia, avrei fatto lo stesso con i DS. Sarebbe stata una lunghissima strada, iniziai ad amare i compagni di militanza alle feste dell'Unità e, in generale, sono infinitamente grato a quel partito e alle sue successive evoluzioni – nonostante la nostra reciproca storia travagliata fatta di uscite e ingressi – perché già in quei primi anni mi aveva insegnato metodo e disciplina. Sarebbero stati fondamentali, per gli anni a venire.

Nel 2001 avevo ventotto anni. In tasca avevo una tessera da attivista gay e una da militante del più grande partito di sinistra. Ero deciso a far sentire la mia voce e soprattutto avevo finalmente una vita allineata a ciò che ero. Avevo una casa, un lavoro e soprattutto un'idea: organizzare quel benedetto Pride nazionale a Padova. Erano pensieri che si aggiravano disaggregati per la mia immaginazione già dal Pride di Roma, ma la svolta fu un'altra manifestazione a Verona, sempre con i soliti cartelli trasgressivi e ovvi che ribadivano: signori, i gay, le lesbiche, i trans fanno tutti i lavori, pagano le tasse come voi, forse più di voi. La mozione omofoba contro la quale ci battevamo in quel caso era stata adottata dal consiglio comunale nel 1995 e non era mai stata cancellata, la mobilitazione aveva coinvolto tutto il Nord-Est e, al di là dei contenuti politici, fu a tutti gli effetti già un piccolo Pride. Da quel palco dissi: «Mai e poi mai ci riporterete nell'oblio, mai ci ricaccerete nel buio dove eravamo in passato». Per riuscirci davvero serviva qualcosa di grande e visibile: un Pride.

Non fu una passeggiata superare le comprensibili resistenze nel Consiglio nazionale dell'Arcigay: ne parlai col mio mentore Grillini, con Giovanni Dall'Orto, giornalista, intellettuale con una lunghissima storia di attivismo, con Sergio Lo Giudice, che sarebbe diventato senatore nella stessa legislatura in cui entrai come deputato. L'obiezione di molti era: dobbiamo ancora rimanere saldi nelle grandi città perché abbiamo bisogno di visibilità; solo in grandi città ci sono le tv, solo lì avremo l'attenzione di cui abbiamo bisogno. Portai in quella sede la mia visione, spiegai che l'Italia era fatta di province, che portare il Pride in una delle tante città di questa grande provincia diffusa sarebbe stato un punto di svolta per il movimento. Si convinsero a fatica. Ma c'era ancora da far salire a bordo il territorio, cioè il Veneto, dove erano dominanti i circoli antagonisti e antisistema, come il Drasticamente, la nostra costola padovana di fuoriusciti, il Pink di Verona, quello di Venezia. La soluzione politica fu coinvolgere tutto il Nord-Est italiano, dal Trentino al Friuli-Venezia Giulia. Il corteo finale a Padova sarebbe stato il punto di arrivo di un evento molto più ampio. Funzionò, avevamo il territorio, avevamo Roma, mancava solo Padova.

Fu un anno di polemiche che si chiuse con la città in festa. Il Pride di Padova fu annunciato nell'agosto del 2001, ero in Sardegna col mio compagno dell'epoca, Ivo Serafino Fenu, insegnante di Storia dell'arte, la mia personale guida nel mondo dell'arte contemporanea. Con l'annuncio si scatenò un finimondo, ci furono parti della città che si opposero con uno sdegno furioso all'idea che l'orgoglio omosessuale sfilasse nelle vie di Sant'Antonio. La sindaca era Giustina Destro, un'altra persona che ha fatto un percorso, che oggi sostiene i diritti civili e mi scrive per dirmi che è dalla mia parte. Non così però nel 2002, Giustina ci fece la guerra per tutto quell'anno. Il giorno del corteo era a un matrimonio e continuava a telefonare per chiedere quanta gente ci fosse in piazza. Visto che eravamo tantissimi, che era andato tutto meravigliosamente bene, Destro fu costretta a capitolare e a farci i complimenti.

Padova è sempre stata così, sospesa tra il progressismo e il conservatorismo. Il vescovo disse che gli omosessuali erano benvenuti a Padova, noi per evitare di farci strumentalizzare avevamo deciso di non passare davanti a Sant'Antonio. Insomma, trovammo una chiave e fu bellissimo per tutti, la città era in festa, ci applaudivano dai marciapiedi, ci lanciavano i fiori dalle finestre, i DS parteciparono con uno striscione. Il Pride successivo fu a Bari, poi venne Grosseto, poi tutto il resto d'Italia. Quel giorno, in Piazza Insurrezione (e mai nome può essere più appropriato), le persone Lgbt+ d'Italia erano uscite da un altro recinto.

Non ho tanti ricordi personali di quella settimana, ero teso, preoccupato, esaltato, spaventato, c'erano un milione di cose da gestire e organizzare, i permessi, la sicurezza, la viabilità, il corteo organizzato dall'estrema destra contro di noi, il corteo dei centri sociali organizzato contro l'estrema destra. Io volevo che fosse tutto pacifico e gioioso, per riuscirci servì tantissimo lavoro. Mi diede una grande mano Claudio Malfitano, allora responsabile ufficio stampa del Pride. Ricordo il taglio del nastro in Piazza delle Erbe, con Luciana Littizzetto e Miss Pomponia. L'8 giugno, a fine corteo, sul palco di Piazza Insurrezione con me c'erano Nichi Vendola, Marco Cappato, Franco Grillini, Piero Ruzzante. Del mio discorso mi è rimasto in mente un passaggio dedicato a ogni persona Lgbt+ d'Italia e anche al ragazzino che ero stato io, solo pochi anni prima. Avevo augurato a tutte e tutti di uscire allo scoperto e dichiararsi, perché è questa l'unica via possibile per la felicità.

5
La città dei diritti

Nel 2002, dai marciapiedi con i padovani che ci applaudivano e dal palco di quel Pride nazionale è cominciato qualcosa che non avrei mai immaginato. Non avevo ancora compiuto trent'anni e la vita aveva iniziato a scorrere veloce. Solo quattro anni prima negavo a mio padre che un giornale dell'Arcigay trovato casualmente in auto fosse mio, ero ancora seminascosto e terrorizzato all'idea di essere scoperto. Mi ero ritrovato a essere il volto pubblico di una comunità, con quella comunità avevo fatto un cammino e avevamo vinto la sfida di portare il nostro orgoglio nella città dove era stato così difficile vivere il mio. Proprio a Padova, la città dove era nata Mariasilvia Spolato, la prima donna a fare un coming out pubblico in Italia, proprio durante una manifestazione per i diritti. Una scelta che negli anni '70 Spolato aveva pagato con il lavoro, la casa, la salute mentale. La sua era stata un'esistenza di vitalità, di coraggio, ma anche di emarginazione, sono storie che sono la nostra storia e quella storia era partita da Padova: lì, poco più di trent'anni dopo il suo sovversivo e devastante coming out, eravamo riusciti a portare un Pride pubblico, partecipato, gioioso. Era una botta simbolica fortissima. Come gay, lesbiche e trans italiani eravamo ormai visibili come mai prima, ma eravamo ancora senza diritti, c'era bisogno di tradurre quella visibilità in risultati concreti, altrimenti sarebbe stato tutto inutile. C'era un solo spazio dove conquistarli ed era la rappresentanza politica. Ero però restio a seguire quella strada, sentivo di appartenere ai circoli, ai cortei, all'avanguardia. Furono i miei mentori, due delle persone che erano con me su quel palco, Nichi Vendola e Franco Grillini, a dirmi che invece era giunto il momento, dovevo presentarmi alle elezioni comunali, diventare consigliere e promotore dei diritti nella mia città. Il Pride non era un risultato in sé, serviva a creare le condizioni per avere dei risultati reali, in un consiglio comunale che negli anni di Giustina Destro e del centrodestra aveva avuto anche una di quelle mozioni schiettamente omofobe che noi combattevamo palmo a palmo. Bisognava andare alla radice del problema e io decisi di provarci.

Presentarsi alle elezioni comunali non era troppo difficile, nelle liste dei DS in tutta Italia veniva regolarmente inserito un candidato gay, come bandiera, anni dopo avremmo detto: un token. Un candidato simbolico, per mostrarsi aperti e inclusivi, ma senza una vera prospettiva di essere eletto e tanto meno di incidere, soprattutto perché la legge elettorale prevedeva la preferenza unica. Per riuscirci, i padovani dovevano dare il voto a me e a nessun altro. Per entrare in consiglio comunale dovevo prendere le preferenze, per creare il consenso necessario servivano organizzazione e supporto e io ero da solo in mare aperto. I riflettori sul Pride si erano spenti, l'estate successiva avevamo tutti vissuto di euforia e luce riflessa, ma la strada era ancora molto lunga e tortuosa. Le elezioni erano nel 2004, Grillini mi aveva detto: «Devi avere la forza e il sostegno, dovrai chiederli parlando con persona dopo persona, la fiducia sul territorio la si costruisce soltanto così».

Il candidato sindaco era Flavio Zanonato, col quale avrei avuto sempre un rapporto conflittuale e schietto. Era già stato sindaco, dal '93 al '98, poi aveva ceduto il passo a Destro e ora lavorava per tornare. La mia base operativa si chiamava Parco Iride, un luogo speciale per me. Al mio fianco c'era Gianni Meggiolaro, che era nei DS ma era stato anche presidente dell'Arcigay di Padova, anche se non si era mai dichiarato pubblicamente. Il parco si trovava a Vigodarzere, appena fuori i confini comunali della città. Riuscimmo a stringere un'alleanza con i militanti storici del partito, persone incredibili che spendevano i sabati e le domeniche della loro vita a fare da mangiare in quel parco, storica base operativa per tante campagne e iniziative di partito.

Ero entrato solo due anni prima come un alieno venuto da un altro pianeta, senza storia di militanza e con battaglie nuove da rivendicare, ma durante quel percorso ci eravamo riconosciuti reciprocamente, non c'era più noi dell'Arcigay e loro dei DS, c'era solo il noi, alleanza culturale e simbolica, e fu anche grazie a quel noi che Zanonato divenne sindaco e io entrai in consiglio comunale, primo consigliere apertamente gay nella storia di Padova.

Non credo di poter descrivere le emozioni: era il primo incarico pubblico della mia vita, quella era la casa della democrazia e dei padovani e io ci entravo da eletto, scelto dai miei concittadini per rappresentarli, quando anni prima ci avevo messo piede per protestare, come attivista, nei posti riservati al pubblico, dando voce a quelle parti della società che l'istituzione ancora non riusciva a includere. C'era un solo modo perché tutti questi sforzi avessero un senso reale: non limitarmi a essere il consigliere simbolicamente gay, non essere solo un presidio di visibilità ma usare quel posto per lottare concretamente, con un obiettivo preciso in linea col messaggio della mia campagna elettorale, che in fondo era semplice e lineare. Avevo detto agli elettori che mi avevano scelto: vogliamo che Padova diventi la città dei diritti, iniziare a indirizzare in modo deciso quell'asse sempre sospeso tra la conservazione e il progressismo. C'era il potenziale per fare della mia città un'avanguardia, e avevo un'idea in mente per arrivarci: il registro anagrafico per le coppie di fatto, per permettere anche a quelle omosessuali di iscriversi all'anagrafe come famiglia. Nel 2004 nessuna città italiana aveva niente del genere, solo dei registri simbolici. Fu facile? No, non particolarmente, perché da un lato ci sono gli obiettivi, gli ideali, ma poi dall'altro c'è la politica. Quella maggioranza era composta dai socialisti, dai miei DS e dalla Margherita, le forze che dopo qualche anno si sarebbero unite nel Partito democratico. La giunta ballò violentemente sulla mia mozione, ci fu da mediare, fu in quel processo politico che imparai a operare con la mia bussola, per trovare una strada pragmatica senza rinunciare alla sostanza dei diritti. La ritrosia politica della Margherita era dovuta alla possibile equiparazione di quel registro anagrafico al matrimonio. Trovammo un punto di incontro che andasse bene a tutti, le convivenze venivano definite non matrimoniali, era un escamotage, perché il valore simbolico e concreto era salvo. Per la prima volta in Italia, coppie omosessuali potevano iscriversi nella scheda di famiglia, potevano rivendicare di esistere come famiglia.

C'erano anche ricadute pratiche concrete, come la possibilità di accedere alle graduatorie per le case popolari e a tutti i servizi del comune. Non era il matrimonio egualitario, che non avremmo certo potuto ottenere nel consiglio comunale di Padova, ma era qualcosa di reale e duraturo, che avrebbe migliorato il riconoscimento pubblico e la vita dei miei concittadini. Organizzammo una festa, una volta approvato il registro furono tre le prime coppie a iscriversi: una etero, una gay e una lesbica. Vennero a Padova le testate internazionali, la tv franco tedesca Arte mi elesse "europeo della settimana", ero contento, anche un po' imbarazzato, perché quella non era la mia battaglia, era quella di Padova, per i diritti e contro la destra, che in consiglio comunale aveva ovviamente scelto la strada della menzogna. Qualche anno dopo le avremmo bollate come fake news, erano in ogni caso bugie senza fondamento. Gli avversari sostenevano che quel registro avrebbe portato la società alla deriva, che il nostro era un attacco alla famiglia tradizionale, che dentro c'erano già le adozioni, che sarebbe diventato un provvedimento nazionale. Tutto falso? Tutto falso. Cosa c'era di vero? Che da quel giorno le coppie gay e lesbiche a Padova esistevano anche sul piano pubblico.

E poi c'è la vita, che è tendenzialmente più complicata di così. G. era deputato quando io ero consigliere a Padova. L'ho incontrato nello studio televisivo, durante la registrazione di una trasmissione per un'emittente locale. Un amore istantaneo, nient'altro che questo. Un attimo prima non lo vedi arrivare, un attimo dopo ha già riempito il tuo campo visivo e sentimentale. G. era pubblicamente eterosessuale, era sposato, ha una figlia. Io mi innamoro di lui, lui si innamora di me, senza condizioni, un evento non negoziabile, solo una serie di sguardi che contengono già ogni cosa. È stato, ovviamente, uno shock per entrambi. Durante una pausa della trasmissione G. e io prendiamo un caffè dentro una specie di tempesta elettrica emotiva, mi tremava la tazzina, ero agitato, emozionato e spaventato. Ci diciamo: andiamo a mangiare una pizza, così parliamo di politica. Andiamo a mangiare quella pizza, parliamo di politica, ma è anche l'inizio di una lunga relazione romantica. Dopo il mio coming out per me era inconcepibile frequentare un uomo sposato e nascosto, era il contrario di tutto quello che volevo per la mia vita, di quello per cui mi stavo battendo come cittadino, come attivista e come politico. Però poi, appunto, c'è la vita. G. si aprì con me, abbiamo parlato della sua educazione cattolica, del coraggio che serve a fare un certo percorso, del coraggio che manca, del coraggio al quale non siamo educati ma che alla fine lui trovò per la consapevolezza di quello che era. Un uomo gay.

G. non ha mai fatto coming out pubblico, ma è riuscito a spiegare chi è davvero alla figlia e alla moglie, dalla quale ha divorziato. Il nostro amore è durato cinque anni ed è stato grande, immenso, fuori scala. Abbiamo viaggiato tanto, abbiamo parlato tanto, sono state le più belle conversazioni della vita. Abbiamo ovviamente condiviso l'amore per la politica, io laico e pro diritti, lui cattolico, esperto, navigato. C'è uno spazio nella mia mente dove G. c'è sempre. È stato un amore romantico, felice, pieno. Ci sentiamo poco, da anni, eppure a volte mi tornano ancora in mente, come dei lampi, immagini di noi in Messico, in Spagna, le nostre liti sulla politica, le cose che mi ha insegnato lui, le cose che gli ho insegnato io.

Oggi in Italia, tra Camera e Senato, ci sono 945 parlamentari. Quelli apertamente gay e lesbiche sono quattro: Ivan Scalfarotto, Tommaso Cerno, Barbara Masini e io. È statisticamente impossibile che siamo solo noi quattro e io so per certo che ci sono parlamentari gay in Forza Italia e in Fratelli d'Italia. In vacanza a Mykonos ho incontrato un deputato della Lega, del quale mi ricordo cartelli particolarmente aggressivi contro la legge Zan. Stava baciando un uomo.

Nel 2007, un anno dopo la complicata approvazione del registro anagrafico per le coppie di fatto e verso la fine del mio primo mandato da consigliere comunale, nasce il Partito democratico, fusione tra il mio partito e quello che tanto mi aveva osteggiato nella strada verso un primo riconoscimento dei diritti a Padova. Ero disorientato, in quel momento vedevo una contaminazione pericolosa tra un partito di sinistra che faticosamente accoglieva il tema dei diritti con una parte democristiana che quei diritti ancora non sapeva come maneggiarli. Fu uno strappo e fu anche un dolore, dopo quella strada fatta insieme. Decido di non aderire al Partito democratico. Entro nel gruppo misto, mi riconosco dietro la sigla Sinistra laica, perché per me la laicità dello Stato è l'orizzonte primario. Ero in cerca di una casa, di un mondo, di un contesto, perché la politica non la fai mai da solo. In quegli anni stava nascendo Sinistra e Libertà, che poi sarebbe diventata SEL – Sinistra Ecologia e Libertà. Era un laboratorio politico stimolante e c'era Nichi Vendola. Mi chiedono di candidarmi alle Europee (dove non sarò eletto) ma soprattutto decido di correre per un secondo mandato come consigliere comunale a Padova, in una lista civica che include le migliori figure della sinistra padovana, Attilio Motta, Marina Mancin, Elena Ostanel, Fulvio Papalia, Mara Zampieri e Lidia Kobal. Era una lista eterogenea, ma capace di intercettare più voti di una realtà molto radicata a Padova come Rifondazione Comunista. Flavio Zanonato vince di nuovo, divento consigliere comunale per la seconda volta e il sindaco mi chiede di fare l'assessore all'ambiente, il lavoro e la cooperazione internazionale.

Zanonato è stato una figura anomala del mio percorso, non saprei come altro definire il nostro rapporto se non come un misto di amore e odio, di rispetto e di distanza. Lui veniva dalla vecchia scuola del Partito comunista, dal quale aveva ereditato una fortissima rigidità su diversi temi, diritti compresi. Quando ho lottato per il registro per le coppie di fatto, lui aveva preferito rimanere di lato, perché da politico esperto vedeva i problemi in giunta, sembrava preferire gli equilibri ai valori. In fondo è una cosa che posso capire, perché la politica è anche questo, ma siamo stati sempre molto diversi.

Nel 2002 non voleva venire al Pride, fu sua moglie Lella a convincerlo, gli telefonò e gli disse: «La città è piena di gente e tu ci devi essere». E così mi ero trovato l'ex (e futuro) sindaco al nostro fianco, un vecchio comunista operaista in mezzo alle bandiere arcobaleno.

Flavio è una persona umorale, da assessore ho dovuto lottare con lui, siamo entrati in conflitto, la sua era una tradizione politica industrialista, che tanti ritardi ha causato alla sinistra italiana nel mettere l'ambiente al centro, perché l'ambiente, come i diritti, è sempre stato visto come una sovrastruttura, quasi una cosa futile, da borghesi. Ma nel corso di quegli anni siamo cambiati entrambi, ci siamo influenzati, Zanonato per me è stato un maestro di tecnica della navigazione politica, la sua sapienza fa parte del mio patrimonio. E lui, negli ultimi discorsi da sindaco, ha dimostrato di aver fatto il suo percorso, non così diverso da quello che – in un contesto diverso, da una direzione diversa, con parole diverse – aveva fatto mio padre. Alla fine dell'ultimo mandato, Zanonato invocava spesso il rispetto delle persone a prescindere dall'orientamento sessuale. Era diventato un tema consolidato della sua agenda ed era orgoglioso che fossimo davvero riusciti a fare di Padova una città dei diritti.

6
L'amore come atto di cittadinanza

Nel 2013 entro per la prima volta in Parlamento. Ricordo quanto fossi spaesato e affascinato quel giorno. Ero nelle liste di SEL – Sinistra ecologia e libertà; Gennaro Migliore, che oggi è in Italia Viva, fu la nostra prima guida alla Camera. Ero in un piccolo drappello di debuttanti, con me c'erano Martina Nardi, Ileana Piazzoni, Nazzareno Pilozzi, Fabio Lavagno. Ricordo la mia soggezione, per i tappeti rossi e l'atmosfera del transatlantico. Mi chiedevo: ce la farò a svolgere questo ruolo? Era un momento politico di passaggio, sarebbero venuti tempi interessanti. Il Movimento 5 Stelle era entrato per la prima volta in massa in Parlamento, dopo quelle elezioni ci furono le consultazioni dello streaming, un'epoca si chiudeva e un'altra stava iniziando e in mezzo c'ero io. Quell'anno ne avrei compiuti quaranta, volevo portare i diritti e il territorio in quelle stanze, sarebbe stata una legislatura complessa, avvincente. Non potevo ancora saperlo, ma ero nel Parlamento che avrebbe approvato le unioni civili in Italia. Il cambiamento, che era stata in quelle elezioni la parola d'ordine e una valuta politica, si respirava nell'aria, nel bene e nel male. Quel cambiamento andava, come ogni cosa in politica, indirizzato. Non sarebbe stato facilissimo.

Ero diventato deputato dopo una telefonata di Nichi Vendola, che al termine del mio percorso da assessore a Padova mi aveva proposto di partecipare alle primarie per entrare in Parlamento. Era il 2012, epoca di *Porcellum*, la legge elettorale scritta da Roberto Calderoli, con le liste bloccate e le primarie a sinistra per scegliere i candidati. Partecipai nella circoscrizione che comprendeva Padova, Rovigo, Vicenza e Verona, c'era di fatto un solo posto e dovevo arrivare primo per sperare di essere eletto.

Come furono quelle primarie? Entusiasmanti, perché mi fecero uscire dalla mia zona di comfort padovana, e anche un po' commoventi, perché quelle furono le elezioni per le quali mio padre, che solo dieci anni prima si era opposto col silenzio e le mani in faccia al mio coming out, si spese personalmente di più. Il vecchio elettore leghista omofobo spingeva con tutte le sue forze per il figlio gay e candidato con SEL. Una rivoluzione. Papà veniva in sede a prendere i volantini, li distribuiva a tutti i suoi conoscenti. Se c'era stato un percorso di accettazione e reciproca comprensione, ancora una volta era stata la politica a sigillarlo. Lamberto Zan era diventato il mio primo alleato. Il giorno delle primarie era il penultimo giorno dell'anno, il 30 dicembre del 2012, l'ultimo anno che avrei chiuso da trentenne. La sera mi telefonò Vendola: «Pronto, parlo con l'onorevole Zan?». «No, Nichi, non lo dire ancora» lo pregai.

Non si sa mai. Però le primarie erano state effettivamente vinte e io andai a Londra a salutare il 2012 con un gruppo di amici, Giuliano, Alessio e Nicola, per festeggiare il quarantesimo compleanno di quest'ultimo. Era la prima volta che tornavo nel Regno Unito, dove ero arrivato da ragazzo irrisolto e pieno di segreti e nel quale tornavo da candidato alle elezioni, attivista, omosessuale dichiarato, uomo in perenne formazione, pieno di futuro. Il coming out non è solo una liberazione con un prezzo che per alcuni è ancora altissimo da pagare, è anche una detonazione di energie.

Le elezioni andarono bene. SEL superò, anche se di poco, la soglia di sbarramento, e io divenni a tutti gli effetti un parlamentare della Repubblica. La sera delle elezioni feci una telefonata che sognavo da mesi, che sognavo da una vita.

«Papà, sono stato eletto.»

«Alessandro, mi raccomando, sii onesto, non cedere mai.»

In politica, però, si cede sempre. La politica è fatta per cedere, devi capire su cosa dovrai farlo e su cosa dovrai resistere, qual è il tuo confine, come orientare la bussola che hai ereditato dai maestri. Mio padre però mi chiedeva soprattutto di essere un deputato onesto. Mi fa sorridere, quella era la legislatura che aveva fatto della parola "onestà" una pietra da scagliare da uno schieramento all'altro, un oggetto identitario e non più un valore al quale ispirarsi. Però l'onestà, quella che mi chiedevano mio padre e gli elettori di SEL che mi avevano votato alle primarie, era la stessa che io pretendevo da me stesso. È un lavoro di fatica minuta, quotidiana. Onestà non è solo non usare mai la politica per trarre vantaggi personali, ci mancherebbe, quella è la base, il minimo del minimo, non può essere nemmeno considerata una destinazione quanto una precondizione per presentarsi dentro un'istituzione repubblicana. L'onestà, che avevo cercato negli anni da attivista e in consiglio comunale e che avrei cercato ancora meglio in Parlamento, per me era principalmente spogliare l'io. L'io per un politico è sempre una tentazione forte, anche più dei soldi e degli incarichi, ma il mio sforzo sarebbe stato mettere sempre il noi davanti. Io sono entrato in Parlamento a nome di un noi condiviso, anzi, di una costellazione di prime persone plurali: gli italiani, i veneti della mia circoscrizione, gli elettori di sinistra e, soprattutto, le persone Lgbt+ di questo paese, le loro domande, le loro ansie, la preoccupazione per la manomissione del futuro che da sempre avevano dovuto subire. Non sempre ci sono riuscito, nessuno ci riesce sempre, ma la promessa che avevo fatto a papà – non cedere mai – per me ha significato soprattutto questo: essere Noi. Non Alessandro e la sua personale ansia di riscatto, ma una comunità e il desiderio collettivo di riscatto.

Nel 2014 ci fu un primo stress test: la crisi politica dentro il partito che mi aveva portato in Parlamento. Vendola, in una notte, prima del Congresso di SEL a Riccione nel mese di gennaio, decise di sostenere Alexis Tsipras e non più Martin Schulz alla guida della Commissione europea, rompendo definitivamente il progetto dell'alleanza "Italia bene comune" che mi aveva portato alla Camera. Il contesto politico era quello del governo Letta, sostenuto da Forza Italia e dal Partito democratico. Qualunque fosse l'asse politico con cui ero entrato in Parlamento, dopo quel Congresso e in quella situazione generale non esisteva più. L'alleanza tra SEL e PD aveva l'obiettivo di costruire un soggetto progressista unitario, qualcosa che sognavo da anni, per la quale mi ero speso, una visione che era la mia attitudine personale già dai tempi dell'Arcigay di Padova. I diritti devono essere sostenuti da schieramenti ampi, hanno bisogno di consenso, non possono essere patrimonio di combattive minoranze. Insomma, il terreno politico sotto i miei piedi non c'era più e io mi ritrovavo perso.

Nichi mi scrisse un sms per chiedermi di non uscire, invocava un dovere morale, ma c'erano già in ballo le unioni civili e il dovere morale più grande per me era quello di sempre: i diritti. Così provai l'ebbrezza del Gruppo misto anche alla Camera, come momento di decompressione, personale ricerca dello spazio mentale per capire cosa volessi fare nel mio futuro politico. Dall'altra parte c'era il Partito democratico, ormai già il PD di Matteo Renzi, che nell'autunno del 2013 aveva vinto le primarie. Nel 2014 ritorno nel grande corpo della sinistra progressista, che avevo già frequentato ai tempi dei DS e del Parco Iride. Entro nel PD assieme ad altri tredici colleghi, sette anni dopo la sua nascita. Ancora una volta una scelta collettiva. Era il contraddittorio e composto PD di sempre, lo stesso col quale non mi ero voluto mischiare per la diffidenza accumulata in consiglio comunale a Padova. Ma in Parlamento c'era quello che io desideravo di più: fermento sui diritti Lgbt+. A febbraio era nato il governo Renzi, guidato da un premier due anni più giovane di me, che veniva proprio dalla Margherita e dai boyscout. Renzi e io non saremmo potuti essere più diversi, ma lui sembrava voler spingere sul cambiamento e io decisi di fidarmi.

Il fermento era partito dal Senato, sotto la guida di Monica Cirinnà, una donna, molto forte e altrettanto tenera, una persona che nella sua vita aveva sempre lottato per qualcosa, fin da quando era consigliera comunale dei Verdi al comune di Roma e si batteva per i diritti degli animali. Credo che al movimento Lgbt+ in quel momento servisse proprio una persona così, una donna eterosessuale e sposata che facesse sua questa battaglia. Era un modo per toglierla dall'angolo d'ombra in cui era sempre stata e farne la strada di tutte e tutti. Era importante anche perché veniva, in quella legislatura, da una delusione cocente: la legge Scalfarotto contro l'omotransfobia, progenitrice di quella che porta il mio nome. L'iter di quel Ddl è stato per me una grande scuola di politica parlamentare, un corso accelerato su come tenere la barra dritta ed evitare che una legge venga annacquata e muoia del suo stesso annacquamento.

C'era ancora il governo Letta, ero all'opposizione, il 5 agosto feci un discorso alla Camera, ricordai il quotidiano bollettino di guerra di ragazze a ragazzi pestati perché gay, lesbiche o trans, parlai di omofobia invisibile, quella del lavoro, nella scuola, in famiglia. Parlai di omofobia politica, ancora molto viva nelle aule parlamentari. Ricordai che gay, lesbiche e trans erano i fantasmi d'Italia. Parlai della libertà d'insulto, che non è libertà ma odio. Erano le idee che tanti prima di me avevano portato avanti, che Scalfarotto provava in quella fase a trasformare in una legge, facendo un lavoro onesto di mediazione ma perdendo per strada troppi pezzi. Il tassello più importante erano le aggravanti. Senza quelle aggravanti per le aggressioni a sfondo omotransfobico la legge era monca, svuotata. Il testo esentava dalle sanzioni «le organizzazioni che svolgono attività di natura politica, sindacale, culturale, sanitaria, di istruzione, di religione o di culto». Qualunque atto discriminatorio in quei contesti non sarebbe stato riconosciuto né come discriminazione, né come istigazione alla discriminazione.

L'imposizione era arrivata da alcuni parlamentari cattolici del PD e di Scelta civica, era il famoso emendamento Gitti, passato alla storia come "emendamento salvavescovi". Dissero a Scalfarotto che senza quella clausola, confusa e scritta male, la legge sarebbe morta. Lui ebbe la debolezza di accettare, uccidendo la legge. Comprendo il suo percorso, avrei avuto modo di comprenderlo ancora meglio anni dopo, da relatore di una legge con gli stessi obiettivi. Le pressioni sono tante, vengono da ogni direzione, ti chiedono di mediare, di trovare un compromesso, di accontentare e accontentarti. In politica devi sapere quando cedere e quando non puoi cedere, la bussola deve essere ricalibrata di continuo. Il principio però è sempre quello: non si può mediare sui diritti fondamentali. Non si può accettare che i cittadini non abbiano diritti uguali e pari dignità di fronte alla legge. L'idea che nessuno vada discriminato non può essere valida in alcuni contesti e in altri no. In sostanza, a causa di quegli emendamenti, la legge era diventata impresentabile. Fu approvata alla Camera, ci fu una giusta sollevazione del mondo Lgbt+. Purtroppo Scalfarotto dovette prendersi la croce e fare da parafulmine. Ma le obiezioni erano vere e rimasero come insegnamento per il futuro: la legge antidiscriminazione era diventata discriminatoria, creava delle zone franche dove omosessuali e transessuali non erano più tutelati. Così al Senato non arrivò mai e per un'altra legislatura non ci sarebbe stata una legge contro l'omotransfobia, mentre le persone gay, lesbiche e trans in Italia continuavano a essere fantasmi, oggetto di violenza, odio, discriminazione. Era il 2013, otto anni fa.

La legge per le unioni civili era un'occasione irripetibile per fare passi avanti concreti sui diritti Lgbt+. Non si poteva perdere altro tempo, non si potevano sprecare altre chance. Perché fu proprio un cattolico, nipote della Democrazia cristiana, a riuscirci? Furono la congiuntura politica, certo, ma anche il bisogno di mandare un messaggio all'Unione Europea: Matteo Renzi voleva a tutti i costi dimostrare di essere il leader progressista di un paese moderno e pienamente europeo. Renzi ebbe la saggezza di comprendere che immenso capitale politico rappresentassero i diritti civili delle persone Lgbt+. Non potevamo immaginare il futuro politico in arrivo, ma l'odore del populismo e di uno slittamento verso destra del paese si avvertiva nell'aria. Quel governo, in quel momento ancora estremamente popolare, era qualcosa da non sprecare per il Noi che rappresentavo.

La storia politica della legge è un altro piccolo saggio di politica contemporanea. Dentro quel percorso parlamentare si possono leggere quasi tutte le contraddizioni del nostro sistema politico. Si era formata una maggioranza trasversale tra il PD e i Cinque Stelle, che erano all'opposizione. Arrivarono, come da triste prassi, migliaia di emendamenti prodotti dall'algoritmo di Calderoli. Eravamo a uno stallo, Renzi fece una lettura ragionevole e onesta della situazione: la legge era a rischio, andava portata a casa in ogni modo e le vite di milioni di omosessuali italiani furono appese a una tecnica parlamentare chiamata "super canguro", che portava all'approvazione della legge in blocco, schivando gli emendamenti ostili. A quel punto il Movimento 5 Stelle, con grande sorpresa di tutti, si sfilò. La maggioranza era quella che sappiamo, pesante e retrograda al centro. Angelino Alfano, che all'epoca aveva ancora tanto potere, chiese di togliere la *stepchild adoption* e la parola "fedeltà" dal provvedimento. Fu messa la fiducia, la legge passò, con due ferite indelebili per la comunità.

Come valutare oggi, dopo sei anni, quel risultato? Sono felice che abbiamo una legge sulle unioni civili, un risultato storico che abbiamo davvero rischiato di perdere nel gioco degli opportunismi incrociati. Però abbiamo mediato sui diritti, abbiamo lasciato senza tutela i figli delle famiglie arcobaleno. È stata una lacerazione personale, tra la grande festa per una svolta storica e le persone della comunità che non hanno potuto gioirne, perché sono rimaste fuori.

Feci un discorso, alla Camera, prima dell'approvazione della legge. Quel discorso spettava a Ettore Rosato, che era capogruppo del Partito democratico. Gli dissi: «Ettore, quel discorso vorrei farlo io, serve davvero la voce di una persona omosessuale che esprima il punto di vista della comunità, che spieghi cosa significa che il nostro amore venga riconosciuto da parte dello Stato». Non è stata solo una battaglia politica, con tutte le sue asprezze. È stata, pur con tutte le sue mancanze e le ferite, un momento di cambiamento radicale per il nostro paese. Il riconoscimento dei diritti passa dal riconoscimento dell'amore. L'amore non è fuori dalla partita, l'amore è la partita. L'amore è cittadinanza e il Parlamento italiano era finalmente arrivato a riconoscerlo, nonostante quello non fosse un matrimonio egualitario e nonostante quella tremenda ferita della cancellazione della *stepchild adoption* dalla legge.

Gli dissi: «Pensaci, Ettore». E lui ci pensò, ci dormì su e mi disse: «Hai ragione, Alessandro. Quel discorso lo devi fare tu». Il mio fu l'ultimo intervento prima del voto, partii dalla mia storia, dalla storia della mia famiglia, dei miei genitori, del loro percorso, del dolore che c'era stato prima dell'accettazione. Quella sulle unioni civili era stata una delle discussioni più travagliate nella storia repubblicana recente, un dibattito che – ricordai alla Camera – mi aveva offeso più volte, nella mia dignità di uomo, di omosessuale, di deputato. Portai ai deputati miei colleghi la storia del ragazzo appena diciottenne di Bari che si era suicidato gettandosi sotto un treno per l'odio che aveva subito dopo il suo coming out. Quel ragazzo ero io, quel ragazzo eravamo tutte e tutti noi. In gioco c'erano l'articolo 3 della Costituzione e il diritto alla felicità per tutti gli italiani; e un pezzettino di quella felicità finalmente il Parlamento era in grado di riconoscerlo.

Il senso di una vita in politica è tutto qui, nelle coppie che dopo il 2016 hanno potuto celebrare il loro amore, vederlo riconosciuto, accudirsi in ospedale, subentrare in un contratto di affitto, fare colloqui in carcere e avere tutte le tutele di una coppia sposata.

7
Educazione democratica

La strada verso la legge Zan è cominciata tutta in salita, dentro un contesto difficile, politicamente poco promettente per una riforma dei diritti civili attesa per decenni. La legislatura inizia con una sconfitta epocale per il Partito democratico. Eravamo certi di aver governato bene e di aver comunicato correttamente, ma almeno sulla seconda idea ci sbagliavamo. Le famose cento proposte di Renzi non erano riuscite a trasmettere una linea comunicativa chiara; nel frattempo, sia il Movimento 5 Stelle sia la Lega avevano potuto riscuotere il loro premio di anni all'opposizione sotto forma di consenso e voti. Ormai la deriva populista di destra non era più solo qualcosa che si avvertiva nell'aria, una preoccupazione futura. La deriva era arrivata, era sui banchi del Parlamento e dovevamo tenerci pronti, perché quello sarebbe stato un volo turbolento.

Prima delle elezioni politiche del 2018 il PD contava otto parlamentari nella provincia di Padova: due senatori e sei deputati. Dopo le elezioni ero rimasto soltanto io a rappresentare la sinistra sul territorio, e il mio non era certo l'unico territorio con questo problema. Non ero solo però. Tutti i militanti del mio partito mi incoraggiavano a continuare con la stessa determinazione di prima, come anche Guglielmo, mio assistente parlamentare e mio caro amico. Questa poi era solo la contingenza politica del momento, ma la legge contro l'omotransfobia viene al mondo con la complicata eredità di una lunga storia di delusioni. È uno dei motivi per cui il movimento a sostegno del Ddl Zan si è scoperto così forte, tanto capace di resistere alle botte, alla retorica, all'ostruzionismo, alle bugie, perché nel suo dna politico conserva anche i tentativi precedenti che, per cinque diverse legislature dagli anni '90 in poi, hanno provato invano a fare una legge dello Stato contro i crimini d'odio, una norma chiesta dall'Unione Europea e che c'è nell'ordinamento di quasi ogni grande paese europeo civile.

Quella dei tentativi falliti di votare una legge contro l'omotransfobia è una cronologia che ogni cittadino d'Italia dovrebbe conoscere.

Già nel 1993, quando fu votata la legge Mancino contro le discriminazioni, si provò a inserire la questione dell'identità di genere e dell'orientamento sessuale. Come ricorda Franco Grillini, che in quella battaglia c'era: «Ci dissero che avevamo ragione, ma che non si poteva, perché altrimenti la legge non sarebbe passata». I diritti di gay, lesbiche e trans furono giudicati meno importanti di quelli degli altri. Era il 1993. Io avevo vent'anni ed essere gay era ancora il mio grande segreto.

Ci provarono prima Nichi Vendola e poi Antonio Soda, con D'Alema presidente del Consiglio e il deputato cattolico Paolo Palma a fare da relatore e trattare con la CEI, che in quegli anni era molto, molto presente nel dibattito pubblico. C'era una congiuntura politica favorevole, perché quel governo nasceva da una rottura a sinistra e il tema dei diritti era considerato un buon modo per ricucire e recuperare credibilità. Ma per combattere l'omofobia, in Italia ogni congiuntura alla fine tende a rivelarsi sfavorevole, anche la più promettente. La CEI si oppose, si perse tempo in infinite trattative e alla fine cadde il governo, dopo la sconfitta alle regionali. L'incarico andò a Giuliano Amato, il "dottor Purtroppo", e la finestra si chiuse. Era il 1998, io ero tornato da Londra e avevo appena messo piede nell'Arcigay di Padova. Ci provò anche Franco Grillini, deputato nel 2006, con una legge antidiscriminatoria, questa volta aggiungendo anche l'identità di genere. Ma la sua legge non arrivò in fondo perché nel 2008 cadde il governo Prodi.

Ci aveva provato Anna Paola Concia, nel 2011, due anni di lavoro, compromessi, limature, ammorbidimenti, la conquista del sostegno dell'allora ministro delle Pari opportunità Mara Carfagna. Tutto inutile, perché la Camera non approvò la proposta.

Nella legislatura successiva è toccato a Ivan Scalfarotto smontare, limare, trattare, veder morire la legge pezzo dopo pezzo, senza nemmeno arrivare al voto. Sono sconfitte che ci hanno lasciato senza tutela, che ci hanno umiliato e messo da parte, ma che hanno anche costruito la nostra bussola e rafforzato la nostra capacità di non arrenderci, di non lasciar perdere, di non cedere il passo a cose che qualcuno dice essere più importanti, o più care agli italiani. Gay, lesbiche, bisessuali e transgender sono italiani. Ogni tanto ci tocca ancora ricordare l'ovvio.

A riprova che la mancanza di questa legge è stata per tre decenni una specie di vergogna tramandata da una generazione di parlamentari alla successiva, nel 2018 sono stati presentati subito diversi progetti di legge per combattere l'omotransfobia. Eravamo tutti consapevoli del vicolo cieco nel quale era stata infilata la legge Scalfarotto. C'era un senso di urgenza nell'aria, la sensazione che questa legge fosse importante era un fatto condiviso trasversalmente, anche da partiti molto diversi. Al lavoro su varie bozze c'era quella di Ivan Scalfarotto, di Laura Boldrini e Roberto Speranza, c'era Giusi Bortolozzi di Forza Italia, al Senato c'erano Monica Cirinnà e Alessandra Maiorino del Movimento 5 Stelle e c'era anche la mia. Tra l'inizio della legislatura nel 2018 e il Papeete quella sull'omotransfobia era una discussione teorica, velleitaria, perché eravamo al tempo del governo gialloverde, il più a destra nella storia italiana recente. Era la stagione dello sdoganamento nazionale dei bassi istinti su ogni fronte, è un eufemismo dire che non ci fosse un clima adatto per combattere le discriminazioni. Poi, quell'estate, Matteo Salvini ha bevuto un mojito di troppo sulla spiaggia in Romagna e tutto è cambiato. La politica italiana ha tanti difetti ma un pregio le va riconosciuto: non è mai noiosa. Così quell'estate la legislatura è ripartita su basi nuove, con un governo inedito, per certi versi impensabile anche solo un anno prima, ma soprattutto: c'era un nuovo spazio per la nostra legge.

Il primo problema era politico: dove farla partire questa discussione? Il presidente della Commissione giustizia al Senato era, ed è, Andrea Ostellari della Lega. Come avremmo imparato bene nel corso degli anni a venire, Ostellari non è un amico dei diritti. Era evidente che fosse meglio provarci alla Camera, dove lo stesso ruolo era prima di Francesca Businarolo e poi di Mario Perantoni, entrambi del Movimento 5 Stelle. Sembrano dettagli, ma le battaglie in Parlamento si vincono o si perdono anche per i dettagli, gli incastri minuti che fanno la differenza nel grande disegno delle cose. Businarolo va in congedo di maternità. Viene sostituita dal vicepresidente Franco Vazio, deputato del PD. Vazio non solo decide di calendarizzare la legge, ma anche di nominare me come relatore.

È l'ottobre del 2019 e comincia tutto così, l'alba del Ddl Zan. Ero stato nominato relatore di una delle norme più importanti per il futuro della mia comunità ed ero in quel momento diventato anche erede di tutta quella storia di ferite e fallimenti, cinque legislature e nessun risultato sulle discriminazioni contro gay, trans e lesbische. Quella notte non dormii, non chiusi letteralmente occhio. Per il futuro di ostruzionismo e insabbiamenti che vedevo davanti, per le vicissitudini di Scalfarotto, che ricordavo nel dettaglio, per tutte le leggi su questo argomento che erano state presentate e che si erano arenate. Avevo un discreto bisogno di coraggio.

Una delle prime telefonate fu di Monica Cirinnà, che mi disse: «Evviva, evviva, evviva, sarà bello lavorare insieme». Il suo entusiasmo era come sempre vitale, prezioso. La prima persona che chiamai io invece fu Franco Grillini, l'uomo che mi aveva iniziato alla politica, il mio mentore. Mi fece i complimenti, mi disse che i tempi erano maturi, che la parola omofobia ormai era entrata nelle case degli italiani. Ma poi Franco mi ha messo in guardia: una di quelle sconfitte era la sua, c'era un sistema di pregiudizi che avrebbe ostacolato in ogni modo la strada. Sarebbe stata dura, durissima.

Avevo impostato il mio metodo con un gruppo di lavoro informale, una "bicameralina" tra deputati e senatori della Commissione giustizia, per mettere assieme i testi presentati in una sintesi avanzata che prevedeva la giornata contro l'omotransfobia, i centri antidiscriminazione, la strategia triennale Lgbt+ dell'Unar, l'Ufficio nazionale antidiscriminazioni razziali. Abbiamo lavorato intensamente per qualche mese alla ricerca del punto di incontro su ogni tema, poi è arrivata la pandemia. L'arrivo del Covid è stato uno shock. Ero a casa, a Padova, all'improvviso non c'erano più treni per andare a Roma. Arrivavo in Parlamento percorrendo un'autostrada vuota, un paesaggio lunare, che non dimenticherò mai più. I messaggi di Giuseppe Conte alla televisione, il lockdown, il peso dell'Italia paralizzata, la paura del virus, insomma, l'esperienza di essere italiani nell'indimenticabile primavera del 2020. Fu la telefonata di Claudia Corradin, sindaca di Merlara, a scrollarmi di dosso lo shock. Mi disse che gli anziani nella casa di riposo del paese erano in difficoltà, gli operatori della RSA erano tutti ammalati a casa, erano disarmati contro onde sempre più alte. Abbiamo fatto partire una raccolta fondi per pagare gli straordinari agli operatori rimasti. Ho iniziato a chiamare i sindaci della provincia di Padova uno a uno, raccoglievo storie, provavo a risolvere problemi, c'erano la cassa integrazione che non arrivava, le partite IVA in difficoltà, una nazione che tremava. È stato uno tsunami, sono stati commessi degli errori, ma abbiamo provato a fare tutti la nostra parte contro una tempesta che non abbiamo visto arrivare, che ci ha messo in ginocchio, dalla quale però in qualche modo ci stiamo riprendendo. C'è una lezione nel trauma affrontato dall'Italia con il Covid. Forse non ne siamo usciti migliori, non lo so, ma almeno ne usciamo con la consapevolezza di una forza che non sospettavamo di avere.

Nell'estate del 2020 l'Italia respira e noi torniamo al lavoro sul Ddl Zan. È una corsa con il tempo tra gli avversari, per approvare la legge alla Camera prima della pausa estiva e del blocco dei lavori. Non ci riusciremo. Il 22 luglio però lavoriamo fino a notte fonda alla Commissione giustizia della Camera. Ne usciamo vincitori Laura Boldrini e io, euforici ed esausti, sorridenti nonostante la vagonata di affermazioni vergognose, omofobe e insultanti che abbiamo dovuto ascoltare dentro una stanza del Parlamento italiano da parte di rappresentanti dei cittadini. È una cosa alla quale non mi abituerò mai. Il nostro lavoro era stato deriso, l'omosessualità era stata per l'ennesima volta accostata alla pedofilia, ma avevamo un testo, un altro pezzo di questa storia era stato assemblato. In quei giorni ho imparato cosa significa lavorare con il professor Angelo Schillaci, che ha dedicato giorno e notte alla legge, e con Laura Boldrini, una donna leale, affettuosa, dai sentimenti forti, una compagna di viaggio formidabile. Su Instagram auguriamo «buongiorno e buonanotte», dopo aver approvato la legge in commissione alle tre del mattino, sono stravolto, ma soddisfatto. Speravo di andare in aula a fine luglio, poi abbiamo puntato al 3 agosto. Ci siamo riusciti alla fine solo a ottobre. A ogni rinvio ricordo la storia di sconfitte subite da leggi simili, penso alle storie di gay, lesbiche e trans aggrediti, discriminati, dimenticati, purtroppo la cronaca ne offre sempre di nuove ed efferate. Abbiamo resistito, ma non è stato facile. Non ci sono stati mai giorni facili da quando la legge è partita.

L'autunno è un periodo politicamente pericoloso, una sessione in cui si rischia ancora di più di essere surclassati da altre priorità. C'era la legge di bilancio da discutere, sempre delicatissima, ancora di più durante la seconda ondata della pandemia. Il 4 novembre era l'ultima finestra utile prima di scivolare in quella fase. Il voto finale è stato segreto, l'ennesimo rischio, in una Camera piena di omosessuali nascosti, repressi, in conflitto con la propria identità e con quella degli altri. Sullo schermo le lucine non erano più rosse o verdi come in una votazione normale, ma tutte blu, una coperta indistinta sulle intenzioni dei deputati.

Sapevo di aver rispettato la bussola che mi ero costruito e di aver fatto un lavoro di sintesi inclusivo e politicamente valido, ma un attimo prima della risposta finale per quel ramo del Parlamento stavo per avere un mancamento. Alla fine le parole più dolci arrivarono dal presidente Fico: «La Camera approva». Altre due parole bellissime, quasi commoventi: «Larga maggioranza». Ho fatto il segno della vittoria, è una foto che conservo come molto cara, perché quella era una vittoria gigantesca. E conservo come molto cara anche la foto, scattata subito dopo il voto finale, con Simona Malpezzi, una donna fortissima e determinata che da capogruppo del Partito democratico proseguirà la battaglia al Senato. Non era ancora definitiva, certo, mancava l'approvazione in Senato, ma era già storia. Ho ricevuto una marea di messaggi e telefonate, ero sfinito, distrutto, consumato, al colmo di ogni emozione possibile.

Ce l'avevamo fatta.

Ho ripensato a mio padre, ai segreti conservati per un decennio, alla paura, alle botte subite da ogni persona Lgbt+ d'Italia, ragazze e ragazzi, donne e uomini cresciuti in un paese difficile che stava finalmente per diventare un po' meno difficile. Quel fine settimana sono andato in montagna, a casa di amici a Colle Santa Lucia, in mezzo alla neve, al bianco, lontano per qualche ora dal telefono, dalla battaglia, dalla gioia e dalla paura. E ho dormito, ho dormito finalmente tantissimo.

C'è un altro aspetto del quale sono fiero: grazie alla storia di questa legge, complicata, travagliata, ostacolata in ogni modo possibile, molte persone giovani e giovanissime si sono avvicinate alla politica, al suo funzionamento, alle sue fatiche e alle sue gioie, hanno iniziato a porsi problemi concreti, a capire i meccanismi del Parlamento italiano. Il viaggio del Ddl Zan è stato tante cose, tra queste c'è stato anche un processo di educazione alla democrazia. È la storia di una fortissima pressione dal basso, della riscoperta del potere dell'impegno civile in cittadine e cittadini che provavano diffidenza verso la politica e che ne hanno riscoperto la bellezza senza per questo negarne la complessità.

Perché i diritti alla fine sono anche questo: un bellissimo esercizio di cittadinanza.

8
La trasformazione digitale delle lotte

La storia della legge contro la misoginia, l'omotransfobia e l'abilismo è fatta di tante cose, tanti meccanismi e tanti livelli.

C'è la storia di una comunità, che da decenni chiedeva un riconoscimento da parte dello Stato italiano contro la discriminazione per il sesso, genere, orientamento sessuale, identità di genere e disabilità. Una comunità che ha lavorato, studiato, combattuto, ha guadagnato ogni centimetro di visibilità perché le istituzioni si accorgessero che le persone oggi discriminate sono italiani e devono essere tutelati come ogni altro cittadino contro violenza e discriminazioni.

C'è stato il lavoro parlamentare, durissimo, a tratti degradante, ma necessario.

E infine c'è stato un movimento dal basso, dall'alto, intorno a noi. Questa storia non sarebbe quella che raccontiamo oggi senza gli alleati che la legge ha trovato lungo questo cammino, cittadini, attivisti, influencer, celebrità, intellettuali che hanno speso tempo, parole, visibilità contro le barriere e gli arretramenti. Penso a Etta, un'amica, alla sua storia di attivista, mamma di

Giovanni, un ragazzo trans. Per loro il Ddl Zan non è solo una legge ma la strada per una piena cittadinanza, oggi ancora negata. Lungo questo cammino il Ddl Zan è diventato un simbolo, una frontiera, a volte una trincea, e pure un hashtag quando serviva. Ho imparato tanto su come è cambiata l'azione politica, sui rischi ma anche sul potere della libertà digitale. Questo pezzo del movimento è stato fondamentale, ha tenuto accesi i riflettori su quello che accadeva nei luoghi ancora troppo chiusi della politica. I video di Tiziano Ferro, le dirette con Fedez, Michela Murgia, Andrea Scanzi, il sostegno di Chiara Ferragni, le campagne virali come quella di «Vanity Fair» sono stati esercizi di cittadinanza e di democrazia, sono un modello che va oltre la legge contro le discriminazioni, mostra come si può conquistare e rivendicare una voce, è un canale nuovo e vivo tra il Parlamento italiano e la società.

Tutto comincia nell'autunno del 2020, prima dell'approvazione alla Camera, quando Carmelo Miceli del Partito democratico mi segnala il video di un discorso di Giorgia Meloni. La leader di Fratelli d'Italia, uno dei personaggi politici più in vista di questo paese, esprimeva la singolare teoria secondo la quale gli omosessuali d'Italia avrebbero voluto vederci al lavoro per difendere le loro attività economiche e non per proteggerli dalle discriminazioni. Meloni tentava di trasformare gli effetti economici della pandemia in un sasso da scagliare contro il nostro lavoro e i nostri diritti, come se gay, lesbiche e trans d'Italia dovessero essere costretti a scegliere tra i sostegni per la ripresa e la tutela contro le discriminazioni e l'odio. È una tattica disonesta, ma nota, quasi consumata. Veniva da reagire con esasperazione, l'istinto era di dire: sono davvero ancora questi gli argomenti con i quali provate a fermare il progresso in questo paese? Ma c'era ovviamente da rispondere, e con forza, nemmeno un centimetro si poteva concedere a questa retorica, ci stavamo avvicinando al voto finale alla Camera, Meloni parlava a nome di una comunità, era il momento per la comunità di esprimersi, di far sentire la propria voce, di non farsela usurpare. È nata così l'idea di coinvolgere persone influenti dello spettacolo, della cultura, della letteratura, per rispondere alla retorica della destra. Così una mattina ho scritto a Tiziano Ferro: non ci conoscevamo, eravamo però in contatto via Instagram, perché lui da tempo seguiva con passione l'iter di questa legge. La questione era: gli omosessuali avvertono o no l'urgenza di una legge contro l'omofobia? «Siete sicuri che è di questo che avete bisogno?» ci incalzava Meloni. E la campagna partiva proprio così: «Sì, siamo sicuri».

Il contributo di Tiziano Ferro per avviarla è stato decisivo. Il suo video, con indosso una maglietta con l'icona di papa Francesco virata nei colori della famosa immagine di Obama, ha avuto una trazione simbolica fortissima, è esploso come una detonazione. Nessuno può decidere quali sono le nostre priorità, siamo noi che le conosciamo, noi che lottiamo per loro, noi che abbiamo diritto a parlarne. Nel suo video, Tiziano parlava «dei calci, dei pugni, delle spinte» che aveva subito da ragazzino. «Non devono succedere ancora e non devono rimanere impuniti.» È stata un'onda, forte, veloce, compatta, piena di idee, colma di diversità e verità. «Sì, Giorgia, siamo sicuri, perché questa legge fa sentire più difesi noi e le nostre attività», ha detto l'attore Pietro Turano. Donne e uomini hanno portato la loro esperienza, perché una voce è forte e si fa ascoltare solo quando viene dalla realtà della sofferenza e delle lotte. Come quelle di Cathy La Torre, che ha ribadito nel suo video per la campagna: «Sì, Giorgia, siamo sicuri, perché se devo spiegare a un mio assistito che non avrà giustizia in tribunale, sono sicurissima che serva una legge contro l'omotransfobia». E ancora: Vladimir Luxuria e la sua richiesta di sicurezza contro le mani e le parole, lo scrittore Jonathan Bazzi, «perché abbiamo aspettato già abbastanza», Franco Grillini, «perché la vogliamo da trent'anni». E poi: Diego Passoni, Francesca Vecchioni, Carolina Morace, Luca Paladini, Paolo Camilli, Simone Alliva, Paolo Armelli, Luisa Rizzitelli, e non posso citarli tutti, persone Lgbt+ provenienti da ogni tipo di mondo, con ogni tipo di sensibilità, prospettiva e storia personale e una sola certezza: siamo sicuri, questa legge la vogliamo.

Per la prima volta figure pubbliche note si esponevano a favore del Ddl Zan, con Tiziano Ferro come primo ambasciatore. Questo primo movimento via social a favore della legge è stato decisivo per far comprendere al Parlamento italiano le vere priorità del mondo Lgbt+ e ha fatto impazzire Meloni, le ha rovesciato contro la sua stessa retorica. Lei diceva che il governo si sarebbe dovuto occupare delle aziende dei gay italiani, i gay italiani rispondevano che la qualità della loro vita e il futuro di quelle stesse aziende passa anche dal pieno riconoscimento dei diritti e della nostra cittadinanza. È un'ipocrisia storica della destra italiana. Dicono di essere contro la violenza, contro le discriminazioni, ma a questa frase seguono sempre i "ma", i "però", le clausole, i distinguo... È l'eterna reincarnazione di quella vecchia frase tossica, ormai buona solo per essere derisa, «Premetto che ho tanti amici gay», usata solo come una clava per continuare a discriminare indisturbati. Sono anni che non passa giorno senza violenza, a ogni episodio loro prendono le distanze, condannano, ma a parole, e le parole non servono più a niente, servono i fatti, le persone picchiate per la loro condizione personale non se ne fanno nulla della solidarietà, chiedono tutela, protezione, azione.

La Camera ha infine approvato, il Ddl Zan ha superato il primo esame istituzionale anche grazie ai suoi alleati. Il mio nome, in quel momento, non era ancora così visibile, era un dibattito politico che toccava i leader, non c'era un collegamento chiaro tra la legge e la mia persona, la mia storia politica. Non era ancora necessario per me, come poi si sarebbe rivelato in seguito, diventare lo Zan della legge Zan. Dopo l'approvazione però è arrivato il buio, c'era la sezione di bilancio, la legge è stata trasmessa al Senato, l'appuntamento era fissato per il 2021, un anno del quale, a novembre, potevamo immaginare ancora pochissimo.

Tra il Ddl contro i crimini d'odio e la discussione alla Camera ci sono state la pandemia, la ferita del lockdown, la sospensione dell'Italia aggredita dal virus. Tra il Ddl e il Senato ci sono state la violenza della seconda ondata e soprattutto la crisi di governo, che ha nuovamente cambiato lo scenario, lungo traiettorie imprevedibili. All'inizio dell'anno è successo di tutto, dal mio punto di osservazione il pensiero andava ogni giorno alla legge ferma al Senato, perché tutta quella instabilità politica non mi faceva certo essere fiducioso. Troppe volte avevamo visto in questi trent'anni il disordine politico italiano mangiarsi le priorità della comunità Lgbt+ ed espellere la possibilità di avere norme contro l'omotransfobia. Il governo che cadeva era sostenuto dalle stesse forze che avevano approvato la legge, quello che subentrava aveva una base parlamentare decisamente più larga, ma all'improvviso il PD governava con gli oppositori principali della legge Zan. Ne ho parlato a lungo con Martina Nardi, deputata come me, mia coetanea e spesso mia consigliera durante i passaggi parlamentari più complessi. Martina ha una capacità profonda di leggere la realtà politica, di vedere la direzione in cui vanno le cose prima che questa sia chiara alla maggior parte degli osservatori. Anche lei era preoccupata. Un esecutivo così eterogeneo, con dentro Lega e Forza Italia, poteva rappresentare la pietra tombale per i tentativi di contrastare le discriminazioni dentro questa legislatura, una stagione da alleati di governo con Salvini non era la premessa ideale per compiere questo percorso trentennale.

Erano le condizioni più difficili che si potessero immaginare, nel frattempo l'attenzione era tutta per la campagna vaccinale e il Piano di ripresa e resilienza; la legge Zan era in un angolo buio, molti avevano già palesato l'interesse di tenerla lì, ostaggio del presidente della Commissione giustizia. Sui social e tra le associazioni si iniziava a parlare apertamente della morte della legge Zan, di un ennesimo fallimento. Io stesso provavo sconforto e rabbia, il movimento Lgbt+ sembrava paralizzato, rassegnato, c'era quell'abulia depressa che tanti hanno provato durante la terza ondata di pandemia: la stanchezza, l'incapacità di visualizzare il futuro e le sue sfide, la propensione ad arrendersi, a chiudersi nel proprio mondo. È una cosa che posso capire, eravamo prosciugati da un anno passato a proteggerci dal virus e a parlare su Zoom, al minimo delle energie emotive e politiche, con l'aggravante del disorientamento per la nuova svolta di governo. Eravamo perduti e depressi, mi voltavo e intorno a me era come se non vedessi nessuno; quel movimento così energico dell'autunno precedente si era rintanato. Condividevo lo sconforto con alcune sostenitrici della legge, come Monica Cirinnà, Laura Boldrini, Vladimir Luxuria, ci dicevamo: dobbiamo fare qualcosa, smuovere le acque, farla uscire dalle secche e dal cassetto della Commissione giustizia, dove fino a quel momento era stato fin troppo facile per Andrea Ostellari impedire che fosse calendarizzata. Se si parlava della legge, era solo tra gli avversari, ne discutevano ormai più i nemici che i sostenitori. Il massimo del dibattito che c'era, a favore, era tra gli accademici, circolava una petizione per l'approvazione lanciata da Nicola Vassallo e firmata, tra gli altri, da Massimo Cacciari, Eva Cantarella, Maria Antonietta Coscioni, Lella Costa, Umberto Curi. Una cosa preziosa, ma non abbastanza in quel clima di silenzio e sconforto collettivo.

C'è una cosa che stana meglio di qualunque altra la fiacchezza e la povertà del dibattito politico: la realtà. Arrivano i giorni del dibattito intorno all'aggressione omofoba nella stazione della metropolitana di Valle Aurelia, a Roma. Due giovani erano stati aggrediti da un uomo che aveva addirittura attraversato i binari per pestarli. Si tornava a parlare dei pericoli concreti che ogni giorno corrono le persone Lgbt+ in Italia, del fatto che questo paese è in grado di incubare livelli di violenza insensati e intollerabili. L'omofobia esiste e ogni tanto il sistema dell'informazione se ne accorge, come se fosse la prima volta.

Il problema è che non siamo noi a parlarne. Nelle trasmissioni più popolari, quelle che in Italia creano ancora il consenso vero sulle cose, Maurizio Costanzo e Barbara D'Urso sembravano quasi implorare Salvini e Meloni di non ostacolare la legge. Era una cosa positiva: si tornava a parlare della legge! Ed era una sciagura: a parlarne erano solo politici che la avversavano, e che ottenevano l'ennesima piattaforma perfetta per darne un'immagine deforme e distribuire notizie false, senza alcun contraddittorio, lasciando lo spettatore disorientato e "a bagno" in informazioni errate.

In quei giorni erano in tanti a scrivermi: «Alessandro, in televisione a parlare della legge devi andare tu, perché non ci vai mai?».

Ecco, perché? Perché ci troviamo ancora una volta senza voce quando si parla di noi? La legge Zan era tornata in tv, ma Zan non c'era, la comunità non c'era, c'erano sempre e solo Salvini e Meloni. Ne ho parlato a lungo con Fabio Canino, un amico dai tempi del primo Pride Village a Padova, più di dieci anni prima. Mi chiede: «Che rapporto hai con Costanzo, con Fabio Fazio, con Lilli Gruber?». «Nessuno» gli ho risposto, e così mi ha passato i loro numeri. È stata un'esperienza istruttiva su come vanno le cose in Italia. Ho scritto, ho spiegato il contesto, ho detto a Costanzo, Fazio, Gruber che della legge doveva poter parlare anche chi l'ha scritta e la conosce.

Costanzo mi ha solo detto: «Speriamo, a presto», sembrava il «Le faremo sapere» che si riceve dopo aver inviato un curriculum che verrà ignorato. Da Fazio mi ha contattato una redattrice, mi ha gentilmente spiegato che ci avrebbero provato, ma che il loro standard era che venivano invitati solo ministri e medici. Piccola istantanea di un paese in pandemia. La legge Zan era ancora senza voce, almeno in televisione.

Rimaneva però quel turbolento, vitale, potente strumento che sono i social: già in autunno avevano sostenuto e protetto la legge, non potevo immaginare quanto avrebbero fatto a questo punto. Ho fatto una prima diretta con Fabio Canino e Diego Passoni, è stato un esperimento, all'inizio non riuscivo nemmeno bene a capire come funzionasse lo strumento, mi sentivo imbranato e in difficoltà in quel territorio nuovo, ma era un primo passaggio, per spiegare in modo diretto perché tanta informazione che circolava era disinformazione.

E qualcosa intanto si muoveva, intorno a quello che sarebbe stato uno dei protagonisti di questa storia: Fedez. Stava litigando via social con Simone Pillon, leghista, oltranzista, fanatico, nemico di ogni diritto civile (aborto compreso), convinto che esista una fantomatica lobby gay a reggere i destini del mondo. Personaggio pittoresco e pericoloso. Ancora una volta, il tema era costituito dalle priorità, dal benaltrismo, trasformati in armi da scagliare contro la comunità. Fedez parlava in modo sobrio e asciutto di diritti, di identità, del potersi esprimere liberamente, senza avere paura. Lo sentivo e lo sento molto vicino, a me, a noi, allo spirito della legge e – grazie a Diego Passoni – gli ho chiesto di parlarne insieme. Diego mi dice: ti chiamerà. E succede: «Pronto, sono Federico». Così inizia tutto.

Mi propone una diretta con Pillon, con lui a fare da moderatore, a me non sembra una buona idea, non è questione di volersi sottrarre al dibattito, ma di non poter accettare bugie e falsità quando si tratta di diritti umani e dignità delle persone. Era il momento di difendere la legge, non di offrire un'altra piattaforma a concetti misogini e omofobi. Fedez è fatto così: sembra impulsivo, istintivo, ma sa ascoltare, e ha l'umiltà di prendersi il tempo per riflettere quando serve. Mi ha scritto qualche giorno dopo: «Hai ragione» e mi ha dato appuntamento per una diretta, solo lui e io. Era il 3 aprile, un sabato, e il mondo è cambiato. Quella conversazione, libera, seria e informale, è stata un cambio di passo sensazionale. Fedez ci ha messo a disposizione dodici milioni di follower, grazie a lui le nostre idee sono entrate nelle case di centinaia di migliaia di giovani e giovanissimi che hanno assistito a quella diretta.

È buffo, Fedez e io non ci siamo ancora mai incontrati di persona, ma c'è stata un'enorme sintonia umana tra noi. Lui ha preso di petto il tema, come fa con tutto, nelle settimane successive ha continuato la sua battaglia contro il presidente della Commissione giustizia, il leghista Ostellari, ha fatto un lavoro di divulgazione del funzionamento parlamentare, è stato un traduttore dei meccanismi della democrazia, che spesso possono suonare ostici e lontani.

Eravamo ormai in un contesto nuovo, è bastato poter esprimere con pacatezza i punti della legge alla platea giusta per squarciare il muro. La lunga fase di apatia pandemica era finalmente finita. Il paradosso è che sul tema alla fine è arrivata anche la televisione, che avevo a lungo invocato, a riprova della sua lentezza nel capire e interpretare la società. Per me che vengo dall'attivismo dei circoli e delle manifestazioni, è sbalorditiva l'evoluzione che c'è stata. La trasformazione digitale delle battaglie politiche non smette mai di sorprendermi. La lotta, per la mia generazione, è stata prerogativa dei movimenti strutturati e organizzati, oggi si è allargata, è intersezionale, estesa, diffusa in un reticolo di storie, di voci, di interazioni. Va di moda parlare male della politica al tempo dei social, sottolineare l'industrializzazione delle fake news, la tossicità di molte conversazioni, ed è tutto molto vero, ma c'è anche qualcos'altro: la libertà e la fluidità di queste interazioni, la loro capacità di infrangere barriere, di spezzare il silenzio, di diffondersi, di costruire alleanze nuove.

L'ho visto anche con un'altra campagna social, quella organizzata dal settimanale «Vanity Fair». Tutto, in quel caso, è nato con l'intervista che mi ha fatto Nina Verdelli, una giornalista attenta al tema dei diritti e lei stessa vittima di odio online. L'intervista è diventata una copertina, con la foto di Alice Pagani e la scritta Ddl Zan sulla sua mano. Quell'immagine, potentissima, si è trasformata in una nuova campagna social, pensata dal direttore di «Vanity» Simone Marchetti: migliaia di cittadine e di cittadini, attivisti, celebrità, persone comuni hanno mostrato la propria mano con la scritta Ddl Zan. Il cognome della mia famiglia era all'improvviso qualcosa di diverso, il simbolo di una lotta, di un movimento, di una comunità e dei suoi bisogni.

9
La sottile linea arcobaleno

Gli avversari della legge contro la misoginia, l'omotransfobia e l'abilismo sono una compagine variegata quanto una locanda nel mondo di Guerre Stellari. Probabilmente non sono d'accordo su nient'altro, le femministe Terf non andrebbero a cena con un cardinale, che probabilmente a sua volta non avrebbe molto da dirsi con un sovranista di destra che salda omofobia e razzismo nella sua piattaforma politica. Eppure questo gruppo così eterogeneo si è compattato dietro l'idea che tutto sommato all'Italia non serva una legge per tutelare le persone discriminate, odiate, picchiate o uccise per il sesso, il genere, l'orientamento sessuale, l'identità di genere o la disabilità. Sono anni che queste persone vedono in questa legge quello che non c'è e continuano a ignorare quello che invece c'è, e non si chiedono perché c'è, a che cosa serve, a che tipo di paese parla una legge così.

La critica contemporaneamente più frequente e più incredibile ruota tutta intorno a questo argomento: non si può dire più niente, la legge Zan limita la libertà di espressione. Ogni volta mi chiedo: perché questi problemi non ci sono stati con la legge Mancino del 1993, che faceva la stessa giusta e necessaria operazione contro l'odio razziale, nazionale, etnico e religioso? L'istigazione all'odio che andiamo a colpire non è la libera espressione del pensiero, ma è l'affermazione di un pensiero che diventa un concreto pericolo per un gruppo sociale. In una società ideale le aggravanti non esisterebbero, ma siccome siamo in un mondo in cui le persone Lgbt+ sono colpite da odio e violenza, lo Stato ne prende atto, riconosce che c'è un problema e mette in campo dei rimedi. Il principio alla base della nuova legge non è mutato, allarga solo i confini della protezione alle persone che ne erano escluse.

C'è una cosa che dobbiamo ricordare: le donne, le persone gay, lesbiche o trans, le persone con disabilità non sono vulnerabili in quanto tali. Lo sono a seconda del contesto sociale in cui vivono, lo sono in questa nostra società, che per loro è ancora pericolosa. Lo Stato dice che non puoi discriminare una persona per la sua provenienza, per la sua fede, per il colore della sua pelle o per le sue tradizioni; abbiamo solo aggiunto: non puoi farlo nemmeno per il sesso, il genere, l'identità di genere, l'orientamento sessuale e la disabilità.

Dicono: la legge offre già degli strumenti, ci sono le aggravanti per i futili motivi. Ci sarà spazio in questo capitolo per spiegare perché quelle aggravanti non sono sufficienti, ma c'è una cosa che mi chiedo: non si rendono conto che in questo modo stanno riducendo l'intera esistenza di milioni di persone a un futile motivo? Non lo vedono il parallelo? Non ne provano orrore?

La legge parte con le definizioni: sesso, genere, identità di genere, orientamento sessuale e disabilità. È un modo per ricordare cha la discriminazione può prendere tante forme, lungo assi diversi da loro in continua rimodulazione. L'odio può prendere di mira il sesso, come purtroppo sappiamo bene dalle cronache, o una manifestazione esteriore difforme dalle aspettative sociali connesse al sesso: per questo motivo nella legge c'è il riferimento al genere. Qui c'è stato un prezioso contributo di Laura Boldrini, che ha insistito perché fosse inserito questo aspetto, ricordando quanto può essere odiata, per esempio, una donna che veste in modo mascolino. L'odio, inoltre, può puntare contro forme dell'attrazione affettiva e sessuale che non rientrano nello schema eterosessuale e, infine, aggredire le manifestazioni di un'identificazione di sé difforme rispetto al genere. Può sembrare complesso, ma si può tradurre in modo più semplice: la legge sancisce la libertà di non venire discriminati o odiati per la varietà delle possibilità che ci sono nell'interazione tra desiderio, amore e identità rispetto al sesso e al genere. Questo perché c'è una parte della società italiana che ancora oggi odia qualunque espressione di sé non conforme alla visione patriarcale e binaria: lo Stato non deve più accettarlo. È così semplice. È così infinitamente semplice. È questo il cuore della legge, una semplice scelta di civiltà: lasciare le persone libere di essere quello che sono, senza la costante minaccia della paura, delle botte, degli omicidi, dell'esclusione sociale. Non è una legge a favore solo di qualcuno. È una legge di uguaglianza, che protegge i diritti delle persone a prescindere dalla loro condizione personale.

Molti detrattori della legge dicono: così si apre alla fluidità del genere, un giorno le persone potranno svegliarsi la mattina e decidere la propria identità di genere come sceglierebbero una marca di cereali o la gita della domenica. Non c'è niente di più falso, offensivo, lontano dalla realtà e frutto di ignoranza. In Italia il diritto d'identità di genere è riconosciuto dalla Corte Costituzionale, perché è una percezione precoce, profonda e duratura del proprio essere. In alcuni casi quella percezione può essere difforme dal sesso biologico e di solito si manifesta già da bambini. Non è una questione di volubilità, perché siamo negli angoli più radicali e profondi di ogni persona. Inoltre, non si va a manomettere la società, è una cosa che già accade e la società non ne esce affatto turbata: è la discriminazione a indebolirla, non le persone giovani che si trovano a dover elaborare una percezione di sé diversa da quello che dicono la biologia o i documenti. Questo è uno dei percorsi più complessi che un essere umano possa affrontare, loro devono farlo anche circondati di odio, spesso proprio proveniente dalle persone che per prime dovrebbero proteggerle. Ripeto: è questa la crepa nella società, non l'identità di genere. Penso alla terribile storia di Maria Paola Gaglione, uccisa dal fratello perché amava Ciro Migliore, che era il suo compagno ed è anche una persona che attraversa un percorso di transizione. La legge offre al giudice una serie di strumenti per leggere e affrontare casi come questo, che sono strettamente legati all'identità e al genere: l'omicidio di Maria Paola non era dovuto a futili motivi, non era una lite per un parcheggio, era causato dall'odio per tutto quello che Ciro rappresentava nella vita della sua compagna. Al giudice diamo un modo per appurare e punire il vero movente di violenze di questo tipo.

Inserire l'identità di genere nella legge serve a proteggere i più vulnerabili, i più invisibili, persone che per la complessità dei loro percorsi di vita erano destinate a finire sempre in un cono d'ombra. E non vale nemmeno l'opzione proposta dall'illustre giurista – presidente emerito della Corte Costituzionale – Giovanni Maria Flick, che suggeriva di inserire semplicemente un riferimento al sesso in tutte le sue articolazioni. Non funziona perché se non dai un nome e una motivazione specifica per quel reato, la natura vera di quel reato sarà invisibile. Nella nostra società c'è una diversità e di quella diversità bisogna tenere conto. È inaccettabile il costante tentativo di invisibilizzare le diverse soggettività. Devono essere visibili e non più nascoste.

Ovviamente non funziona nemmeno il testo presentato dalla Lega, che non solo non protegge nessuno, ma riesce anche a depotenziare la legge Mancino, perché elimina le aggravanti speciali (che aumentano la pena fino alla metà e non sono bilanciabili dalle attenuanti) e le sostituisce con quelle generiche, che aumentano la pena solo fino a un terzo. L'idea proposta da Salvini è praticamente uno sconto di pena agli odiatori messo di default in una legge dello Stato. È una proposta terrificante, scritta in modo sciatto e calata all'ultimo momento dopo la visibilità del Ddl Zan. Una proposta piena di sciocchezze, però utile per capire come alcuni partiti politici vedono la comunità Lgbt+: per loro noi siamo un mondo di futili motivi.

Per questo è importante ribadire che le aggravanti speciali sono importanti: quando una persona omosessuale viene picchiata in quanto omosessuale, ogni omosessuale si sente minacciato. Questo effetto, moltiplicato per ogni atto di violenza e per ogni persona che si sente coinvolta, alla fine minaccia tutta la società, la fa sentire più in allarme, meno sicura e più debole. La legge Zan è una legge contro l'odio, non tutela minoranze, perché noi non siamo dei panda da tutelare, protegge tutti gli italiani da qualcosa che può succedere a chiunque. Tutti rischiamo di essere discriminati, aprire il ventaglio delle situazioni significa intervenire dal punto di vista legislativo per contrastare le violenze e l'odio ovunque si manifestino, in un paese attraversato nelle vene da una cultura sessista e patriarcale.

Il lungo e feroce ostruzionismo subito dalla legge nasce da questo, dalla sconfitta culturale che questa legge rappresenta per la destra di Salvini e Meloni, che guarda molto più a Orbán e a Visegrad che alla nostra Costituzione. Il Primo ministro ungherese, in carica da dodici anni, proprio nelle settimane di più intensa discussione sulla legge Zan ha approvato una delle norme più discriminatorie di cui l'Unione Europea abbia memoria, che impedisce di rappresentare le famiglie omogenitoriali e la comunità Lgbt+, che affianca l'omosessualità alla pedofilia, che scava un solco ancora più netto tra Europa dei diritti ed Europa della paura. Di fronte alla vibrante indignazione europea, Salvini ha avuto il coraggio di affermare che secondo lui la legge di Orbán non è sbagliata. Almeno così il leader della Lega aiuta a chiarire il campo: non si può più stare in mezzo, non esistono sfumature su questo fronte: o si sta con l'oscurantismo ungherese e polacco o con la civiltà europea. La destra italiana sta provando da anni a portarci in quella direzione e l'Italia è un paese con anticorpi civili ancora fragili. Basta poco, la sottile linea arcobaleno, il confine tra una società inclusiva e una società basata sull'odio è facile da attraversare. Lo dimostra anche il caso dello stesso Orbán, che non si è sviluppato nel vuoto, l'ascesa e il predominio di Fidesz sono il frutto di anni di manomissione democratica, chiusura delle università e degli spazi di libertà, soppressione della stampa indipendente. Non siamo l'Ungheria, è vero, ma non possiamo nemmeno vivere nella certezza che non lo diventeremmo mai. Battaglie come quella per la legge contro i crimini d'odio sono un argine contro i progetti sovranisti, che sono sempre culturali prima che politici.

E poi ci sono le Terf, le *Trans-exclusionary radical feminist*, le femministe trasnfobiche, un gruppo piccolo, aggressivo. Potrebbero sembrare lontanissime dall'estrema destra, eppure diversi analisti hanno notato come le posizioni di alcune femministe storiche si sono saldate con quelle del conservatorismo più reazionario. Come faceva notare il filosofo Massimo Prearo, molte delle citazioni nella propaganda social dei gruppi integralisti neocattolici contro la legge Zan sono frasi di figure storiche che si dichiarano progressiste, come la filosofa Francesca Izzo e la regista Cristina Comencini. «Tali convergenze interrogano, stupiscono, indignano» scrive Prearo. «Soprattutto perché, messe una di fianco all'altra, rivelano una specifica forma di violenza, fatta di ostilità, rigetto, negazione, agita da uomini e da donne che hanno raggiunto posizioni di potere e che percepiscono l'estensione del campo dei diritti, e la protezione e la difesa di categorie discriminate (discriminate anche da loro) come una privazione dei loro privilegi.»

Alcune rappresentanti del mondo Terf mi hanno inseguito con un'aggressività al limite dello stalking, facendomi accuse lunari in privato, tra cui quella di sottrarmi al confronto. Ma come posso confrontarmi con chi avalla e sostiene la discriminazione? Con chi sostiene che l'obiettivo delle transessuali sia violentare donne in carcere o barare nelle manifestazioni sportive? Con quali basi posso avere una discussione contro queste menzogne così offensive?

Questo movimento femminista minoritario ha un approccio secondo il quale il sesso biologico è al centro di ogni cosa, è l'unico orizzonte, la sola possibilità data a un essere umano. Nel pensiero Terf la realtà dei corpi, e in particolare dei corpi femminili, passa solo dal sesso biologico.

Ma, come ha ricordato con parole sagge e belle Lea Melandri, l'anatomia non deve essere necessariamente destino, condanna. Nessuno nega l'importanza della biologia, ma la storia e l'essenza di una persona non possono essere riconducibili solo lì, perché in questo modo ricadiamo nella logica binaria della cultura patriarcale, che attribuiva alle donne ruoli di sottomissione e agli uomini ruoli di comando e di potere proprio in virtù del sesso biologico. Quella è la gabbia che ha intrappolato tutte e tutti, è esattamente il posto che l'Italia deve lasciare e che la destra integralista presidia con tanta ostinazione. Oltre il corpo e la sua verità, c'è la verità della mente, c'è quella del cuore. Attribuire valore e tutela all'identità di genere significa ribadire che il sesso biologico non è un destino, per nessuno. La difesa dei ruoli di genere sulla base della differenza biologica tra i sessi è la difesa della società patriarcale. Le Terf devono almeno rendersi conto di quale sia la loro vera posizione.

Per cambiare anagraficamente sesso una persona transgender deve affrontare un percorso impegnativo e doloroso. La legge attuale è molto rigida, richiede una perizia psicologica, una cura ormonale, un passaggio dal giudice: è un percorso lungo e travagliato anche senza l'obbligo dell'intervento chirurgico per la rettifica del sesso. In ogni caso, non è oggetto della legge

Zan, che su questo interviene solo per offrire una tutela legale contro la violenza e la discriminazione. Aver tirato in ballo, da più fronti, da destra come dalla presunta sinistra delle femministe storiche, l'argomento dello "svegliarsi la mattina e decidere di essere di un altro genere" è solo un modo per dimostrare di non conoscere la realtà materiale delle persone trans e, soprattutto, per scegliere di usare la legge Zan al fine di diffondere la transfobia nel dibattito pubblico. La verità è che queste persone e queste associazioni sono tanto rumorose quanto irrilevanti. Fuori c'è una grande e variegata galassia di femminismi che abbracciano la cultura intersezionale, anche all'interno del femminismo della differenza, un'evoluzione aperta e plurale, un mondo molto diverso da quello salottiero e dall'aria consumata che esiste solo nelle pagine dei giornali di destra, casualmente i più attenti a dare spazio a queste voci. Fossi stato in queste femministe con una lunga e solida storia a sinistra qualche domanda in più me la sarei posta sul perché «La Verità» e «Libero» danno tanto spazio alle loro posizioni. Il discorso pubblico che queste persone hanno contribuito a costruire è di una violenza inaudita, soprattutto se pensiamo che è rivolto contro le persone più vulnerabili ed esposte della società italiana. È impensabile che debbano sentirsi pure accusare di voler diventare donne per rubare quote rosa e medaglie nello sport.

Il terzo vertice di questo triangolo delle Bermuda di attacco alla legge è stato purtroppo la Chiesa cattolica, o almeno alcune sue frange oltranziste. L'articolo 4 della legge, quello che fa salva la libera espressione del pensiero (e quindi la libertà pastorale) è stato inserito esattamente anche per tutelare la libertà religiosa. Avremmo anche potuto non inserirlo, sarebbe stata sufficiente la Costituzione italiana, con l'articolo 21 che sancisce la libertà di pensiero. Il punto è che nella Costituzione c'è anche l'articolo 3, che garantisce pari dignità di trattamento a tutti i cittadini e impegna la Repubblica a rimuovere gli ostacoli che si frappongono, ed è esattamente quello che cerca di fare la legge contro i crimini d'odio. Se in questo tipo di impianto ci fosse stato un problema legato alla libertà di espressione, lo avremmo avuto anche con la legge Mancino. Invece, in trent'anni, mai la Corte di Cassazione o la Corte Costituzionale hanno rilevato niente del genere. La sanzione scatta quando c'è il pericolo concreto per le persone, il nostro ordinamento sanziona sempre l'istigazione all'odio e mai l'opinione. La verità è che non c'è nessun problema di libertà di espressione, ma solo il loro desiderio di continuare a odiare i gay, le lesbiche e le persone trans liberamente e senza conseguenze.

Sono ateo, ma vengo da una famiglia che mi ha dato una solida educazione religiosa. Sono cresciuto a bagno nella cultura cattolica, ho seguito il catechismo, ho frequentato l'Azione cattolica ragazzi, ero lettore in chiesa, partecipavo all'attività pastorale e avevo anche la passione per i presepi. Quando ero bambino ne creavo di bellissimi, era un talento vero, ho vinto dei premi.

Dalla Chiesa mi sono allontanato appena ho avuto la consapevolezza che come gay non ero accettato. Molto prima del mio coming out, avevo diciassette anni, ne parlai con un prete della mia parrocchia. Gli chiesi, nel segreto del confessionale, cosa pensasse dell'omosessualità. Così, in generale. Mi rispose che era un peccato mortale. Fine della conversazione e, per me, della vita da credente. Io ero un peccato mortale, lì non c'era alcuno spazio per me.

Nella vita, però, mi sono spesso confrontato con persone religiose, ho provato a essere in ascolto, ad accogliere punti di vista. Perché serve il confronto, anche se ovviamente servono anche dei confini. È la mia bussola, sempre lei. Si ascoltano tutti, perché da tutti si impara, ma non si media su diritti. Durante il lavoro sulla legge ho parlato anche con un alto presule molto legato a papa Francesco. L'ho cercato tramite un amico, Francesco Lepore, ex sacerdote, latinista, che ha lavorato nella Segreteria di Stato vaticana. Cercavo un confronto sulla legge, dopo il primo affondo della CEI che l'aveva bollata come sbagliata, quando eravamo ancora in una fase preliminare, nel 2020. Non avevano ancora letto il testo, ma avevano già deciso che non la volevano. Ho avuto questo incontro per confrontarmi, per capire perché la CEI si fosse espressa in modo così violento sul tema. Questa persona mi ha accolto nell'episcopio della sua città. È stata una bella conversazione, è un alto prelato che ha conservato ancora la vocazione pastorale, il suo profilo da missionario. È stata una chiacchierata schietta, ho spiegato quali erano i contenuti della legge e che per noi la tutela della dignità della persona era un punto non negoziabile.

Un anno dopo mi sono svegliato una mattina con il telefono bollente, già alle 6.30 pieno di messaggi e chiamate. Ho intuito che era accaduto qualcosa di grosso, poi mi hanno girato l'articolo del «Corriere» e ho capito perché: il Vaticano aveva chiesto con una nota verbale di modificare la legge Zan, appellandosi addirittura al Concordato. Un inedito assoluto nella storia dei rapporti tra l'Italia e la Santa Sede. Ero sbalordito, finora era stata la CEI a intervenire, questa volta il conflitto era scalato a un livello molto più alto e muscolare, nonostante i toni felpati della diplomazia. Era diventata una questione tra Stati, una cosa impensabile con un iter parlamentare in corso.

Credo sia stato un boomerang, la maggioranza dell'opinione pubblica italiana si è indignata per questa ingerenza e questo tentativo di condizionare il corso dei lavori del Parlamento. Ricordo, tra gli altri, i messaggi di rabbia del mio amico Stefano, che in passato ha frequentato le scuole superiori presso il seminario. Era arrabbiatissimo. È stato molto positivo che Draghi abbia messo in chiaro con forza la laicità del nostro paese: l'Italia non è uno stato confessionale, il nostro ordinamento contiene le garanzie per il rispetto di ogni trattato internazionale, compreso il Concordato. Uno dei punti contestati dal Vaticano è stato la Giornata contro l'omotransfobia nelle scuole. È una giornata istituita dalle Nazioni Unite e dal Parlamento europeo, in Italia si celebra per prassi ogni anno, addirittura con l'intervento del presidente della Repubblica. Mattarella, tra gli altri, ha ricordato in una di queste giornate che discriminare le persone per l'orientamento sessuale e l'identità di genere lede i diritti umani e viola il principio di uguaglianza. Insomma, quella giornata non è una nostra fantasia radicale, ma è un'occasione celebrata ai più alti livelli dello Stato e delle organizzazioni internazionali. La legge riconosce alle scuole l'autonomia per attivare progetti contro le discriminazioni e a favore del rispetto di tutte le differenze, nessun progetto sarà mai avallato senza il consenso di famiglie e genitori. È solo un'occasione che le scuole hanno per informare gli allievi sul fatto che tutti i cittadini sono uguali di fronte alle legge, a prescindere da tutto, compreso il loro orientamento sessuale e la loro identità di genere. Tutto qua.

10
I ragazzi stanno bene

La normalità che immagino per l'Italia è una cosa alla quale mi è capitato di assistere una volta a una cerimonia di battesimo, in Danimarca. Il padre ha fatto questo augurio alla figlia neonata: «Non importa se tu sarai etero, gay, lesbica o trans, quello che io ti auguro per la tua vita, amore mio, è solo di essere felice». In fondo è una frase semplice, magari è un'ovvietà, ma quanto saremo diventati prosperi come società quando augurare la felicità ai figli a prescindere dall'orientamento sessuale e dall'identità di genere sarà davvero un'ovvietà, un gesto niente affatto degno di nota!

Mi è capitato di raccontare spesso questo episodio, magari a persone di sinistra, progressiste, evolute. C'è sempre un tipo di risposta standard a questo racconto: «Eh, ma sai, quella è la Danimarca, lì è tutto diverso». Quanti danni ci sta facendo questa delocalizzazione della civiltà, questa idea che l'Italia avrà sempre una tara di oppressione, non importa cosa succeda? Ci sono aspetti del nostro paese che siamo abituati a vivere come una tassa perenne sul fatto di essere italiani. E invece le società cambiano, tutto quello che noi vediamo come tradizionale e immutabile è invece un fatto storico, che delle condizioni culturali e politiche hanno creato e che altre condizioni culturali e politiche possono cambiare. Quante zavorre aveva la cattolica Spagna prima della stagione dei diritti di José Zapatero? Non dovrei avere nemmeno bisogno di sottolinearlo, ma la famiglia danese di quel battesimo è cattolica ed è formata da una coppia eterosessuale. Non c'è niente di scritto nella pietra, nella storia o nel dna dei popoli: non siamo condannati a essere il paese del: «Mio figlio gioca con le bambole e si mette lo smalto alle dita, non devo mica pensare che sia frocio?». L'Italia ce l'ha il potenziale per diventare un paese evoluto, aperto e inclusivo. Anzi. L'Italia diventerà un paese evoluto, aperto e inclusivo. L'unica vera domanda è quanto tempo ci metteremo, quanta violenza dovremo ancora sopportare nel frattempo. I Pillon e i Malan che ho sentito in Senato accostare l'omosessualità alla pedofilia sono già dei fossili politici viventi, ma più il loro tempo è agli sgoccioli più la loro resistenza sarà tenace e scorretta. La loro violenza verbale è anche la misura della loro vulnerabilità.

Ci hanno accusato di voler imporre i diritti sul piano penale, con le aggravanti e le manette, ma la legge Zan vuole essere soprattutto un fatto culturale, è pensata come un innesco che va molto al di là del sacrosanto e da decenni atteso allargamento della legge Mancino alla violenza omobitransfobica, misogina e abilista. Le leggi fanno cultura, creano dibattito all'interno delle famiglie, rafforzano una tendenza alla quale stiamo già assistendo. C'è una generazione di genitori educati dai figli ad assumere un atteggiamento inclusivo, ed è un fatto bellissimo, come è confortante il fatto che il Parlamento possa contribuire con il suo lavoro a questa conversazione nazionale sui diritti, fornirle coraggio e contesto. L'ho visto in prima persona, ho quasi perso il conto dei parlamentari che sono venuti da me a dire: «Alessandro, non hai idea di che testa mi stanno facendo i miei figli per approvare la legge». I ragazzi stanno bene, saranno presto loro i genitori che tra qualche anno potranno fare un banale augurio a un battesimo: non importa che tu sia etero, gay, lesbica o trans, io ti auguro di essere felice.

Serve trascorrere un po' di tempo con gli adolescenti italiani di oggi, ascoltandoli davvero, senza paternalismi o arroganza, e passa la voglia di dire: «Eh, ma la Danimarca». Gli adolescenti sono i nostri paesi scandinavi, per questo trovo bellissima e piena di potenziale la proposta del segretario del Partito democratico Enrico Letta di estendere il voto ai sedicenni: non si tratta di responsabilizzare loro, si tratta di responsabilizzare noi. Perché la loro voce, sui diritti, sulla società, sull'ambiente, è piena di insegnamenti per gli italiani di ogni età.

Ho avuto il privilegio di comunicare con molti di loro, agli eventi sul territorio e ai Pride come nei messaggi privati di Instagram: il coraggio, la solidarietà, la preparazione, persino l'onestà intellettuale che ho trovato mi hanno lasciato pieno di speranza. Passare una serata con dei sedicenni è il miglior workshop formativo che un politico possa fare.

L'altro grande pilastro di questo movimento verso una società inclusiva sono i padri fondatori e le madri fondatrici della Repubblica italiana, perché nella nostra Costituzione c'è già tutto. Ci sono politici che dovrebbero dimostrare amore per quel testo nei fatti e non solo a parole. Per la legge cardine dello stato italiano siamo tutti e tutte uguali nei diritti e nei doveri, e proprio per questo principio di parità nessuno deve essere discriminato per le sue condizioni personali.

In Italia si è rimosso per quasi un secolo che tra queste condizioni personali ci sono il sesso, l'orientamento sessuale, l'identità di genere e la disabilità. Ogni essere umano ha la sua infinita combinazione di peculiarità personali. Una società realmente civile e inclusiva rispetta tutte queste peculiarità. Questa diversità non deve essere un ostacolo individuale perché al contrario è un'immensa ricchezza collettiva che non può essere sprecata: etero, gay, lesbica, uomo, donna, trans, queer, bisessuale, non binario. Siamo tutti patrimonio dell'Italia, se non ci impedirete di essere chi siamo saremo pienamente italiani e questo paese sarà più forte perché avrà più risorse umane, più cittadini, più idee, più partecipazione al destino comune. Suona semplice perché è semplice. Le battaglie per i diritti alla fine sono lineari, sono i ragionamenti di chi quei diritti vuole negarli a essere tortuosi.

Quella che stiamo provando a immaginare e creare è una società postpatriarcale, perché non ci saranno mai piena inclusione e diritti per tutti se l'ossatura della vita nelle nostre case sarà quella che abbiamo ereditato, la cosiddetta "famiglia tradizionale". Anche perché, spoiler, la famiglia tradizionale non esiste, è un costrutto culturale fragile e in via di dissoluzione, un misto di astrazione, immaginazione e volontà. Le uniche tradizioni familiari che ci servono sono amore e rispetto.

D'altra parte, se un padre di famiglia degli anni '50 fosse trasportato da quell'Italia nel futuro e potesse dare un'occhiata dentro le case degli italiani del 2021, di famiglie tradizionali, secondo la sua idea, non ne troverebbe nessuna, e per fortuna. Sicuramente avrebbe qualcosa da ridire anche con la vita privata dell'alfiere e della paladina di quell'idea di famiglia, cioè Matteo Salvini e Giorgia Meloni.

Il cambiamento è in atto, va solo governato e guidato, perché il patriarcato scricchiola da tempo. Reagisce, fa violenza, si oppone. E dobbiamo anche ricordare che le cosiddette "famiglie tradizionali" – intese come zona di comfort e totem culturale – sono uno dei luoghi più pericolosi d'Italia dove vivere, come ci ricordano le statistiche sui femminicidi e la violenza domestica. Scardinare quel modello è il vero progresso al quale andiamo incontro.

La famiglia non deve più essere la palestra nella quale si allenano stereotipi e pregiudizi su cosa deve essere un uomo e cosa deve essere una donna, ma il posto dove ogni uomo e ogni donna, a prescindere da orientamenti e identità di genere, possono allenarsi a essere se stessi, sviluppare le proprie peculiarità e quell'infinita combinazione di possibilità che è la vita umana, senza paura di giudizio, discriminazione, esclusione e violenza. La legge contro i crimini d'odio è solo un pezzo del percorso, ma nessuna legge, per quanto ben scritta, può davvero eliminare l'omofobia e la violenza: quello è un lavoro che si fa nelle menti e nei cuori, nelle cucine e nelle camere da letto, nelle biblioteche, a scuola e nei parchi. Il vero orizzonte del cambiamento non è penale e nemmeno politico, ma culturale.

La nostra destinazione finale è una famiglia senza paura della diversità.

Non sono un idealista, soprattutto non sono un ingenuo, so in quale paese sono nato e ho vissuto finora, so in che Italia ho dovuto affermare la mia omosessualità. Ogni picchetto, ogni insulto, ogni ingiustizia a cui ho assistito me lo ha ricordato. Ho davvero ascoltato per troppi anni l'inascoltabile fin dentro il Parlamento italiano per farmi delle illusioni, lo so che ci vorrà tempo. Non so quanto, ma ci vorrà del tempo. È proprio questo a darmi l'urgenza di un cambiamento che appartenga alle generazioni a venire, a ogni cittadino e cittadina italiana del futuro.

Stiamo creando ricchezza. L'inclusione non è solo un fatto etico, i paesi più avanzati sui diritti civili sono anche quelli che risultano più avanti nelle condizioni di lavoro, nel benessere sociale ed economico, negli indicatori economici, nella partecipazione dei cittadini alla vita dello Stato, nel rispetto dell'ambiente. C'è una stretta correlazione tra la libertà dell'individuo e la qualità della vita di tutta la comunità. Ogni volta che una persona emarginata accede alla felicità è tutta la società a guadagnarci. Un paese può essere in salute solo se tutti i suoi cittadini sono a bordo, se dignità e libertà sono riconosciute a chiunque.

L'esclusione è una zavorra allo sviluppo, è una tassa senza investimenti, è uno spreco insostenibile a ogni livello. E questo spreco collettivo aumenta ogni qualvolta il valore umano è reso invisibile dal frapporre i pregiudizi alla verità di una persona.

Quando il cambiamento arriverà serviranno anticorpi per custodirlo e proteggerlo, il futuro è inesorabile; ma ci stiamo anche battendo contro un retaggio millenario, che sarà a lungo nelle vene e nella fibra profonda di questa società. Gli anticorpi che ci renderanno più forti sono culturali. È questo l'orizzonte della legge Zan e di ogni altro atto politico del Parlamento: la creazione degli anticorpi culturali che ci renderanno più forti contro i colpi di coda della società patriarcale.

Questa presa di coscienza va fatta a un livello molto primario, profondo, dentro ogni casa e ogni persona. La politica però può incoraggiarlo e guidarlo, perché un paese deve saper dire da che parte sta: se da quella di chi tiene la catena ferma intorno ai polsi delle persone o da quella di chi cerca autodeterminazione ed emancipazione. Quella che stiamo costruendo è un'idea più evoluta di cittadinanza e democrazia. Non è una passeggiata né un pranzo di gala, il viaggio della legge contro la misoginia, l'omotransfobia, l'abilismo lo ha dimostrato praticamente ogni giorno.

Ma siamo ancora qui e ci arriveremo, ne sono certo e, lo ribadisco ancora, non è ingenuità né idealismo, ma consapevolezza. Stiamo creando una società in cui i ruoli non sono predisposti e trovati apparecchiati alla nascita, nel formato tossico di macchinine per i maschi e bambole per le femmine, di vestiti azzurri e rosa, di cose che fa la mamma e cose che invece fa il papà. In questa società il coming out non sarà più doloroso, atroce o violento. Non sarà anticipato, come nel mio caso, da anni di terrore e di bugie. Diremo ai nostri compagni di classe e ai nostri genitori che siamo gay, lesbica, trans con la stessa serenità con la quale annunceremo in quale facoltà abbiamo intenzione di proseguire gli studi dopo le scuole superiori. Sarà così perché un giorno sparirà la maledetta presunzione di eterosessualità che ci avvelena, quella cosa per cui il maschio bianco e cisgender è la norma e tutto il resto è a qualche livello una varianza. I genitori saranno aperti a qualsiasi possibilità, saranno curiosi come sempre quando vedono la personalità di un figlio o una figlia sbocciare. Al centro di questa Italia nuova ci sarà la soggettività dell'individuo: è questo presupposto che salda l'alleanza LGBTQ con femminismo intersezionale e con il transfemminismo: l'idea di una società che valorizza ogni soggettività nel suo essere irripetibile, che non prova a schiacciare ciò che è non conforme, come fanno con punti di partenza diversi ma aggressività identica le femministe Terf e gli estremisti di destra, sempre più compagni di strada e di oppressione nel loro tentativo comune di mettere le soggettività le une contro le altre. Una società inclusiva permette a chiunque di vivere la propria identità senza che alcune di queste identità profonde – che nessuno sceglie ma che semplicemente sono dentro le persone – abbia come prezzo la violenza, la discriminazione, l'emarginazione.

In questo viaggio il simbolico conta quanto il politico, so che le battaglie sul linguaggio inclusivo suscitano ironia, ma penso che abbiamo davvero bisogno di un nuovo glossario su come parlare senza violentare, un vocabolario che ci permetta di dare un nome corretto alle persone, perché chiamarle per quello che sono è il primo passo per riconoscerne la piena dignità. Vale per i giornalisti, vale per la pubblica amministrazione, vale per i politici, vale per i magistrati. I nomi e i pronomi contano, perché le persone contano. Su questo tema credo davvero che non ci sia niente da ridere, e sento parecchie risate, e quelle più sinistre, più deludenti, arrivano spesso dal campo progressista. Il modo in cui ci facciamo chiamare è il modo in cui decidiamo di vivere: non c'è rispetto umano che non passi dalle parole e da una nuova ecologia del linguaggio. È per questo che sulla legge ci siamo battuti tanto fermamente sulle parole. Non erano questioni di principio, non era un piantare bandierine, come ci ha accusato qualcuno. Era sostanza, perché nessuna vita è una bandierina e solo in una società patriarcale ed eteronormativa gli altri decidono le parole per noi. Ci dicono spesso: volete imporre il pensiero unico. Mi fa sempre molto ridere questa cosa, non so mai nemmeno da dove cominciare a spiegargli che il pensiero unico e oppressivo è il loro. La nostra è solo ribellione al pensiero unico.

Non ci arriveremo se non riusciremo a coinvolgere gli educatori. La società si cambia davvero in famiglia e a scuola. È per questo che la legge Zan punta tanto sul ruolo dell'istruzione, la singola cosa più in grado di cambiare il mondo secondo Nelson Mandela. Ed è per questo motivo che l'isteria dell'opposizione alla legge ha dato il peggio di sé proprio su questo fronte, il più importante. Un insegnante non sta lì solo per fornire nozioni, né deve solo lavorare sulla mente degli allievi. Ogni ragazzo e ogni ragazza sono una costellazione di corpo, pensiero, emozioni, turbolenze, anima, paura, speranza, e solo lavorando su questi livelli un educatore svolge pienamente il suo ruolo. Alcuni riescono ad affrontare la complessità della sfida con empatia, molti falliscono e so bene che non è colpa loro: in Italia gli insegnanti sono pagati pochissimo e sono spesso messi ai margini. Dobbiamo invece riportarli al centro della società e metterli in grado di comprenderne i cambiamenti, di guidare gli studenti, di educare al rispetto, all'inclusione, all'empatia. Solo quando rispetteremo la soggettività degli insegnanti, loro potranno rispettare quella degli allievi. La scuola italiana ha un immenso bisogno di questo circolo virtuoso. È un passaggio decisivo, perché ogni differenza che vogliamo tutelare, dall'orientamento sessuale all'identità di genere, si manifesta durante l'età scolare, è profonda e soprattutto precoce. Se sbagliamo in quel momento, avremo sbagliato tutto. Un giovane bullizzato e insultato ha bisogno soprattutto di una cosa: essere rassicurato. È un'età fragile e la scuola deve educare chi insulta e dare un messaggio di accoglienza a chi viene insultato. Quante atroci storie di suicidi dovremo leggere prima che gli educatori e la scuola inizino ad affrontare questa emergenza? Un adulto che offre tranquillità dicendo le parole giuste in un momento di tale vulnerabilità fa davvero tutta la differenza del mondo. Nel paese inclusivo che sogno, gli adulti che lavorano a scuola sanno quali sono quelle parole giuste perché sono stati formati per saperle.

Il cammino dei diritti un giorno porterà le coppie gay e lesbiche italiane a potersi sposare davvero e a poter adottare. Quel giorno finalmente potremo dire che l'articolo 3 della Costituzione è stato pienamente applicato. Non voglio sminuire le unioni civili del 2016, che ho votato e sostenuto, perché sono state una svolta storica per l'Italia, che ha concretamente cambiato la vita a milioni di cittadini. Ma sono comunque state solo una tappa lungo il percorso. Qualcuno, come l'allora presidente del Consiglio Matteo Renzi, ha pensato che bastasse così, che i gay d'Italia si sarebbero dovuti accontentare per qualche generazione. Invece noi non ci accontentiamo: le prossime tappe sono un matrimonio pieno e le adozioni per ogni famiglia. È vero, le unioni civili hanno quasi ogni prerogativa di un contratto matrimoniale, possiamo condividere un patrimonio, comprare una casa insieme, decidere insieme sulle cure in ospedale, con le unioni civili siamo stati finalmente visti e siamo diventatati reali. Ma quel "quasi" a un certo punto inizia a stonare, è odioso, come ogni menomazione. Perché dobbiamo avere quasi tutti i diritti? Perché non tutti? Ci dicono: le uniche differenze sono il nome, il poter dire che si tratta di un matrimonio, e l'obbligo di fedeltà? Bene, noi li vogliamo. Il nome e la fedeltà. La parola "matrimonio" è tutto, perché le parole sono importanti, anche i gay e le lesbiche hanno diritto a chiamarsi coniugi. Non averlo riconosciuto è una forma di *apartheid*, un modo per considerarci ancora cittadini di serie B.

Ogni diritto non riconosciuto è una barriera alla piena affermazione di sé, come quelle architettoniche che devono affrontare le persone con disabilità, compagni del nostro cammino verso la legge Zan, che include anche l'abilismo, e non potrei esserne più felice.

Lo stesso discorso vale ovviamente anche per le adozioni, con una differenza: le famiglie omogenitoriali già esistono, sono una realtà, che un paese civile non può lasciare senza diritti e riconoscimento. Sono famiglie nelle quali per altro i bambini crescono spesso con un pieno equilibrio psicofisico, non perché siano in sé migliori, ma perché in quelle famiglie si applica la piena parità dei ruoli. Entrambi i genitori fanno la lavatrice, stirano, cucinano. Un bambino cresce così in una famiglia totalmente paritaria e orizzontale, e quindi cresce più sano. D'altra parte, la stessa Raffaella Carrà aveva raccontato di essere cresciuta in una famiglia nient'affatto tradizionale, allevata da sua madre e sua nonna, ed era stata circondata da amore, affetto e valori. La sua storia, come quella di tante famiglie arcobaleno d'Italia, dimostra che è davvero venuto il momento di abbattere il totem che racconta di un solo tipo di famiglia. Parliamo piuttosto di famiglie.

Battersi per il rispetto assoluto della soggettività non è un nuovo individualismo, è al contrario un lavoro di comunità, ed è una forma di nuovo umanesimo, nel quale le persone e le loro soggettività sono messe finalmente al centro della vita sociale. Quando si impone a un essere umano un percorso contrario alla sua natura e alla sua identità, si spinge quella persona a una lotta per la sopravvivenza. Se devo impiegare tutte le mie energie per sopravvivere, non ci sarà tempo per la comunità. È questa la tragedia dell'esclusione sociale: una comunità che perde persone lungo la strada. Ogni volta che abbiamo messo l'essere umano al centro, abbiamo assistito al progresso della scienza, delle arti, della cultura. Questo nuovo umanesimo della soggettività è fondamentale per affrontare tutte le sfide che abbiamo davanti come genere umano. Oggi, solo una società davvero inclusiva può essere pronta a gestire un futuro che appare decisamente complicato visto da qui: instabilità, pandemie, crisi climatica. Si sopravvive insieme o si muore da soli. Solo una società di tutti può davvero affrontare tutto questo. Non ha senso combattere la natura delle persone mentre il pianeta va in fiamme. Riconoscere i diritti di ciascuno per combattere tutti insieme le immense sfide del futuro: è questo il nostro orizzonte.

11
Per te

Hai quindici anni e provi molta confusione.

È normale, credimi, è davvero normale.

Non so se sei etero, gay, lesbica, trans, non binary, queer, intersex, asessuale. Mi rivolgo a te ma non so molto di te. D'altra parte, probabilmente nemmeno tu sai ancora molto di te.

Io di te so questo: vivi nell'Italia che abbiamo provato a costruire. Sei nel futuro, però non so dove di preciso. Facciamo 2040? O 2045? Tanto l'adolescenza è sempre uguale e sempre diversa. So però che la tua Italia è migliore della mia, ed è di questo che mi piacerebbe parlarti, in questa lettera dai tanti mittenti e dai tanti destinatari.

Innanzitutto, io sono stato come sei tu, dove sei tu, ma lo sono stato in un'Italia che non puoi immaginare, ed è una fortuna, credimi, che tu te la sia risparmiata.

Lo so, anche tu hai paura, nonostante tutto, perché in fondo non esiste adolescenza senza paura. Il mondo fuori dalla tua stanza però non è più così minaccioso.

Io avevo molta paura. Di dichiararmi a me stesso, innanzitutto, e forse su questo puoi capirmi, ero terrorizzato dal semplice fatto di dirmi: Alessandro, sei gay. A quindici anni non lo avrei detto nemmeno allo specchio in una casa vuota con la mia famiglia in vacanza. Era un segreto tutto mio, lo tenevo immobile al centro di me. Un po' lo desideravo, che fosse un segreto così segreto, un po' vi ero costretto, perché avrei dovuto combattere troppe guerre. Sarebbero passati dieci anni prima che fossi pronto a battermi. Sapevo che avrei trovato la mia strada, ma sapevo anche che mi sarei dovuto armare. Prima di essere felice, come per ogni gay, lesbica o trans dell'Italia di prima, il mio compito era sopravvivere.

Quando ero un ragazzino io, essere gay era una guerra. Per te, credo, non lo sarà. Che tu sia gay, lesbica, trans, o qualunque cosa tu sia.

Sarà complicato, perché la vita è complicata. Ma non c'è più un'Italia in guerra contro di te.

Una volta non c'erano appigli, quando scoprivi di essere omosessuale o transgender.

Non c'erano i Pride, la comunità era lontana e invisibile, non c'era internet, c'erano poche storie, pochi personaggi, era un mondo senza specchi, io pensavo davvero di essere l'unico al mondo a essere così.

Non sei solo, tu ora lo sai. Intorno a te c'è un paese che non ha dita da puntarti contro, che non ti giudica, che ti accoglierà per quello che sei, qualunque cosa tu sia.

Sai, a me a scuola sarebbe piaciuto innamorarmi. Vedevo i miei compagni che si scambiavano biglietti e baci, io avevo paura, perché il mio contesto mi incoraggiava ad averne, mi diceva che facevo bene ad averne, a non mandare biglietti al ragazzo che mi piaceva, a nascondere con cura il fatto che mi piacessero i ragazzi. Mi sono innamorato ancora poi, ma mai come ci si innamora a quindici anni, in quel modo assoluto e irrevocabile. Nessuno mi ha chiamato col mio nome, non è una tragedia, però mi manca ed è qualcosa che non potrò riavere, il mio amore adolescente. Abbiamo lavorato per farti nascere in un'Italia dove anche i ragazzi Lgbt+ potessero innamorarsi a scuola, senza paura se non la paura che l'amore sempre un po' deve fare.

I tuoi compagni di classe vanno al Pride. Anche quelli etero. Soprattutto quelli etero. Ce n'è uno nella tua città, non devi fare tre ore di treno, è il Pride che viene da te, ci vai con i tuoi amici, ognuno con la sua complessa mescolanza adolescenziale. A nessuno sembra strano che tu sia trans o gay, lesbica, queer, è quello che sei, come la squadra per cui tifi, i voti che prendi a scuola, le materie che ti piacciono, la musica che canti. È una delle tante opzioni in campo, la tua.

Quando hai iniziato a capire di essere così hai trovato subito un insegnante preparato ad accogliere la tua complessità. Per te, in fondo, era tutto nuovo, le guide servono, come le prime volte che vai in montagna. Per lui no, lui è un insegnante della scuola pubblica italiana che ha studiato, sapeva cosa stavi affrontando, non era spaventato dalla diversità, ne riconosceva il valore, ti ha insegnato a riconoscerlo.

Poi, certo, a qualcuno non piacerà quello che sei, gli

stronzi non abbiamo potuto eliminarli, purtroppo. Ma la società ti protegge quando sei vulnerabile. Gli stronzi rimangono stronzi, ma tu sei prezioso e sei al sicuro.

Per il tuo coming out, con te prima che con gli altri, ti servivano consapevolezza, modelli, specchi. Nel mondo intorno a te si parlava di te.

Le persone Lgbt+ sono visibili, nella società, per le strade, nei libri, nelle serie tv, nei film, nello sport, in qualunque sia la forma di comunicazione che c'è nel tuo tempo e che guardi prima di dormire. Il centravanti del Milan è gay, una ragazza trans ha vinto l'oro olimpico.

Non è sempre stato così.

Una volta le persone come te e me erano invisibili, non erano da nessuna parte, se c'erano erano macchiette, qualcosa di cui sorridere. Non erano reali, erano fantasmi.

Non sei dovuto scappare per acquisire la consapevolezza. Se andrai in Inghilterra o a Milano, lo farai solo perché ti va, per il gusto della scoperta, non perché devi raggiungere un porto sicuro per la tua natura profonda. Nella tua Italia puoi essere ciò che sei, in un paesino, in provincia, su un'isola, ed è tutto okay, è sempre okay.

Ricordati però che la tua Italia è così perché generazioni prima di te hanno combattuto, la tranquilla normalità in cui puoi sviluppare la tua sessualità e la tua identità è frutto di tante lotte, di persone che hanno perso la casa, la vita, il lavoro, attivisti e movimenti che hanno preso botte e insulti. Sono persone di cui non conoscerai mai il nome, ma ti prego di ricordarti di loro, ogni tanto. Hanno costruito la terra dove metti i piedi, hanno pagato caro per farlo, per l'orgoglio col quale puoi sfilare sereno e allegro.

I Pride ci saranno sempre, anche nella società più evoluta in cui vivi tu. Ti diranno che ormai non serve più, ma tu vacci lo stesso, portaci le tue amiche e i tuoi amici.

I tuoi genitori non hanno nemmeno dovuto pensarci prima di accettarti per quello che sei. Sei quello che sei e a loro va benissimo così. Prima c'erano conflitti, nelle famiglie italiane, spesso non era nemmeno per cattiveria o ignoranza, ma per paura. Quando scoprivano che un figlio era gay provavano terrore per il mondo che avrebbero dovuto affrontare, per la violenza, per il bullismo, per la discriminazione che c'erano fuori dai confini di casa, anche della casa più inclusiva. Ora non è più così, vivi in una comunità che dopo tante battaglie ha sciolto i suoi nodi sulla sessualità delle persone, ha risolto i suoi pregiudizi, non c'è più niente di cui avere timore. I tuoi genitori ti possono abbracciare e poi affidare all'Italia, l'Italia avrà cura di te e delle tue peculiarità.

Seguirai i lavori del Parlamento e non ci sarà mai niente di cui devi preoccuparti. Ti racconteranno di un certo senatore Simone Pillon, del suo usare gli argomenti più bassi e meschini contro quelli come te. Diceva, con sarcasmo, di un calciatore che dopo aver vinto gli Europei del 2021 chiamava la mamma anziché il genitore 1. Squallore. Oggi il portiere della Nazionale ha due papà. Se fai un po' di archeologia, troverai quei video. E dirai: è impossibile, non può essere successo. E invece è successo, ma è passato, e non dovrai più vergognarti di quello che si dice di te nei luoghi più alti delle istituzioni. Sono luoghi sacri e si rispetta la sacralità di ogni essere umano. A volte sarai d'accordo, a volte sarai in disaccordo, è nella natura delle cose, ma non dovrai mai temere lesioni della tua dignità di persona.

Potrai trovare lavoro, ogni tipo di lavoro. Sarai selezionato o scartato per il tuo talento, le tue capacità, quello che sai fare o non fare. Nessuno si andrà a impicciare della tua condizione personale. Non ci sono strade dove non puoi andare o dove non puoi ricevere un bacio tanto atteso, puoi emozionarti ed essere felice in pubblico, dei tuoi sentimenti e del tuo corpo, che è complicato e pieno di cose come quello di tutti. Non sei un bersaglio per come ti vesti, per il colore dei tuoi capelli o dei tuoi pantaloni, e uno smalto è solo uno smalto, non è un'etichetta, è solo colore sulle dita. Lo metterai la mattina e non significherà nient'altro se non che ti piace lo smalto. Bisogna sperimentare, con lo stile e la bellezza, soprattutto alla tua età, e puoi farlo senza problemi. Nessun insegnante ti metterà alla porta per il tuo estro.

La tua identità di genere può essere complessa, non avere paura. Almeno, non averne più del necessario. È tutto a posto, nessuno dirà che può essere cancellata, che non è importante, non c'è nessun attentato a questo pezzo della tua perfetta e irripetibile umanità. Appartiene solo a te e al cammino che vorrai o potrai fare. In nessun contesto sarà uno svantaggio, è solo una cosa che sei, non una zavorra, un peso o una catena, perché il mondo è dalla tua parte, gli amici sono dalla tua parte, gli insegnanti sono dalla tua parte. E il tuo nome è tuo, nessuno avrà il diritto di violarti con le parole, nessuno ti nominerà per quello che non sei.

Certo, ci saranno delle cose di cui sei scontento. Ci sarà ancora strada da fare, cose che vorrai cambiare. Il mondo che ti abbiamo consegnato è più inclusivo, ma non è perfetto, nessun mondo lo è. Per cambiare quello che non ti piace, ti prego: fai politica. La politica è come abbiamo cambiato le cose e come sempre le cambieremo. Fai politica ovunque tu voglia: per strada, nelle associazioni, nei partiti, sui social. Ti invito a farlo, perché la politica è davvero l'arma più potente che abbiamo. Prendi in mano il destino della tua comunità, non lasciare che siano gli altri a decidere per te. Cambia la società, la comunità, il mondo che ti circonda. Puoi farlo, questa è la democrazia, ed è tua, ti appartiene. Ogni persona può fare una piccola grande rivoluzione. Ricorda però che non la farai da solo o da sola. La tua grande sfida sarà sempre la stessa delle generazioni che ti hanno preceduto e di quelle che verranno dopo di te: fare della battaglia di pochi la battaglia di tutti.

12
Epilogo

È sera, sono a Padova, sono appena tornato dal Pride di Budapest, sto scrivendo le ultime pagine di questo libro e il finale è aperto. Lo lascio a voi e a noi. Il finale per questa comunità è sempre aperto, a ogni vittoria ci saranno nuovi diritti per cui batterci.

In questo momento la legge contro la misoginia, l'omotransfobia e l'abilismo è al Senato, è in corso la discussione generale su questo cammino lungo decenni, è incastrata nelle ultime complesse settimane di lavori in Parlamento prima della pausa estiva, tra la conversione in legge dei decreti e le inevitabili turbolenze della politica italiana. Non rimarrà lì in eterno, presto sapremo se l'Italia ha deciso di essere come l'Ungheria dalla quale sono appena tornato o come l'Europa civile alla quale dice di appartenere.

È stato un mese di luglio molto duro, la conversazione sull'omofobia è diventata conversazione omofoba, ha raggiunto livelli di tossicità inauditi, fuori e soprattutto dentro il Senato, purtroppo. Conosciamo i volti degli omofobi istituzionali, conosciamo le loro parole, non ci hanno mai fermato e non dimenticheremo nulla. Non dimenticherò nemmeno un messaggio che mi ha inviato Matteo Renzi su WhatsApp, alla fine di giugno, quando eravamo ancora impegnati a tirare fuori la legge dalla Commissione giustizia, dove era ostaggio: «Fate bene i conti, Ale. Fate bene i conti» mi ha scritto. C'erano paternalismo e minaccia in dosi uguali nelle nove parole di Renzi. Gli riconoscerò sempre il coraggio che ha dimostrato cinque anni fa con la legge sulle unioni civili. La storia della comunità Lgbt+ in Italia è però un cammino che non si può fermare al 2016 e al governo Renzi. Ci sono altre battaglie, altri diritti sui quali non possiamo più mediare. Ci hanno accusato di essere rigidi, di voler piazzare bandierine simboliche, di preferire una bella morte idealista alla dura realtà della politica. Però c'è un'altra realtà, molto più dura del tatticismo parlamentare e dello squallido lucrare sui meccanismi della politica: la discriminazione, l'odio, la violenza, la negazione della cittadinanza. Hanno definito il nostro atteggiamento rigidità ideologica, ma la nostra è stata solo sobria fermezza a protezione di un confine: la vita vera delle persone, il dolore che hanno accumulato, il prezzo dell'esclusione. Ero impegnato a scrivere il libro quando ho ricevuto quel messaggio di Renzi, avevo davanti la mia storia personale e soprattutto quella della comunità Lgbt+ italiana: le battaglie, le umiliazioni, il sangue versato. Siamo testimoni e portavoce di tutto quel dolore, è per questo che non abbiamo potuto arretrare e sono fiero del fatto che il Partito democratico abbia deciso di fare propria questa battaglia.

L'esperienza ungherese è stata istruttiva. Gli ungheresi che ho incontrato in piazza a Budapest sono ragazzi e ragazze dell'Europa, hanno aspirazioni e bisogni simili a quelli italiani, francesi, danesi, tedeschi. La differenza è che hanno visto la loro giovane democrazia deteriorarsi, si sono trovati bersaglio di una spinta sovranista e autoritaria. Il futuro e la visibilità gli sono stati sottratti, legge dopo legge. «In Ungheria non si possono esprimere idee e visioni nemmeno sui social, perché arrivano minacce di morte, minacce vere, perché qui la gente è violenta, la polizia è violenta» mi ha raccontato una ragazza che ho conosciuto al Pride di Budapest. «Se è questo ciò per cui si congratulano Matteo Salvini e Giorgia Meloni penso che stiamo andando in una direzione un po' bruttina.»

È esattamente questo il punto politico della questione: le leggi come quella contro l'omofobia sono un vaccino contro l'orbanizzazione della società che le destre italiane ormai nemmeno più nascondono di voler portare avanti. Quanto pensate che ci metterebbero Pillon e Malan a equiparare l'omosessualità alla pedofilia, come succede in Ungheria o nella Russia di Putin, o a impedire di rettificare il sesso anagrafico alle persone trans, ennesima barbarie di Orbán?

La piazza di Budapest era strapiena. Dentro il cordone della polizia c'era la normalità di qualsiasi Pride europeo: arcobaleni sui volti, sulle magliette, sugli striscioni, sulle bandiere. Nella parata c'erano voglia di cambiare, desiderio di futuro, di Europa, di libertà, di inclusione. Budapest era colorata, ero felice di essere lì, sulla linea di frattura della civiltà occidentale, insieme alle sorelle e ai fratelli ungheresi. Eppure anche in quel momento di entusiasmo sapevamo tutti di essere circondati e dentro una bolla. Fuori c'era un paese nel quale l'odio è stato coltivato con metodo e ostinazione. Un cordone di polizia separava la manifestazione dai gruppi neofascisti, con striscioni che ripetevano quella oscenità ormai trascritta nelle leggi ungheresi: l'omosessualità è come la pedofilia. In quel momento mi è tornato in mente il primo Pride nazionale a Padova: anche in quel caso c'erano le barriere della polizia e oltre le barriere il corteo di Forza Nuova. L'ho raccontato alle persone che erano con me. Ho detto loro: «Non vi preoccupate, la storia ci insegna che i fascisti perdono sempre». Ma ragazze e ragazzi di Budapest lo sapevano già, a ogni grido d'odio hanno risposto con la gioia del Pride, non ho visto nessun dito medio alzato verso quei fascisti, ma molte mani hanno fatto il gesto del cuore.

L'intolleranza non ci cambierà, non ci avvelenerà. A Padova, vent'anni fa, non volevano il Pride, oggi è una delle città più inclusive d'Italia. Nel 2002 ci dicevano che eravamo pazzi a immaginarla come capitale dei diritti.

C'è un altro dettaglio che mi ha colpito a Budapest: la mattina dopo il Pride, la città era già completamente in ordine. Un Pride è qualcosa che lascia tracce, segni, immagini, colori. Non è solo una sfilata, è un evento fatto per riverberare, è un campo di piccole alleanze, legate alle insegne dei negozi e dei ristoranti, attraverso i balconi e sui muri. A Budapest invece il giorno dopo sembrava che il Pride non ci fosse mai stato.

Ho ripensato al Pride Village di Padova, una creatura che ho fatto crescere insieme a due delle persone che ho più care al mondo, compagni di lotta e amici per la vita: Federico Illesi, ingegnere come me e comunicatore di professione, che mi aiutava durante le campagne elettorali quando ero assessore, e Claudio Malfitano, giornalista del «Mattino di Padova», al mio fianco fin dal Pride nazionale del 2002. Il Pride Village è arrivato ormai alla quattordicesima edizione, è uno spazio di divertimento, aggregazione, socialità, si balla (e si tornerà a ballare, dopo la pandemia), si fanno dibattiti, talk show, presentazioni di libri. Qui partì la raccolta di firme per una legge di iniziativa popolare sulle unioni civili. Mi viene in mente perché il Pride Village è esattamente quello che ho cercato di costruire a Padova: radici per la comunità.

I Pride devono durare, sono una presenza che non si può cancellare all'indomani come hanno fatto a Budapest. Ogni Pride è un inizio di qualcosa, per ogni partecipante e per la comunità intera. Il Pride Village nasce nel 2008 con questa idea. Per me è anche la storia di un'amicizia, quella con Claudio e Federico, è una nostra creatura ed è una ricchezza per la città. Ha dato continuità all'inclusione, al rispetto, al dialogo: sono processi che vanno interiorizzati, ogni serata al Village è parte di questo processo, come ogni conversazione, ogni incontro, ogni libro, e anche ogni legge che va nella giusta direzione.

C'è un ultimo Pride che mi viene in mente, dove tutto è iniziato, quello di New York. Ho avuto l'onore di partecipare all'evento che nel 2019 celebrava i cinquant'anni dai moti di Stonewall, quando nel 1969 le persone della comunità Lgbt+ di New York, e primi tra tutti i transessuali, si ribellarono contro le ripetute retate della polizia. Ero sul palco su cui la mattina avevano parlato Lady Gaga e Donatella Versace, dopo di me sarebbe intervenuto il sindaco Bill de Blasio; ero lì a rappresentare il cammino della legge, ancora agli inizi. Dietro le quinte, de Blasio, in un ottimo italiano, mi ha chiesto notizie del Partito democratico, è un grande conoscitore della politica italiana. È stata una bella esperienza, ma la cosa importante era lo sguardo di quella piazza, che arrivava fino a Stonewall. In quel momento pensai ai cinquant'anni che erano passati tra il lancio di scarpe, bottiglie e pietre a difesa di una comunità umiliata e offesa e la New York di oggi, una delle città più inclusive, colorate, vive e vibranti al mondo, una metropoli dove gli omosessuali si possono sposare (come in tutti gli Stati Uniti), possono corteggiarsi, baciarsi, essere se stessi e chiunque vogliano essere, in pubblico e in privato.

Padova 2002, New York 2019, Budapest 2021: come per tante persone gay, lesbiche e trans, a volte sembra che i momenti della mia vita siano scanditi dal ritmo dei Pride. Una volta ero un giovane attivista fresco di coming out pubblico, un'altra un deputato italiano che presentava la battaglia parlamentare contro l'odio, un'altra ancora il testimone della solidarietà europea a una comunità oppressa. C'è sempre un Pride a dirci dove siamo nel mondo, è per questo che i Pride sono qui per restare. Per me Padova, New York e Budapest sono punti diversi sulla stessa linea: la marcia globale dei diritti è una sola, quello che per una generazione è impensabile, diventa il patrimonio della successiva.

Oggi le ragazze e i ragazzi a New York possono dare per scontato quello per cui si combatteva a Stonewall. Una coppia che si innamora in Italia può programmare un'unione civile: quando sono diventato attivista io sembrava impensabile. In Ungheria, in Polonia, in Russia si combatte ancora per esistere. Viviamo in un mondo dove sessantanove paesi criminalizzano l'omosessualità. In Brunei, Iran, Mauritania, Yemen, in alcuni stati della Nigeria e in Arabia Saudita c'è la pena di morte. Per qualunque progresso che abbiamo ottenuto, per qualunque progresso che otterremo, ci sarà ancora un lavoro immenso da fare, localmente e globalmente. Perché la marcia dei diritti non si ferma e soprattutto perché l'odio perde sempre. Pensate a questo, prima di riporre questo libro. Pensate all'odio: quante sconfitte ha dovuto subire l'odio negli ultimi cinquant'anni, da Stonewall a oggi? Gli omofobi sono molto più aggressivi e arrabbiati oggi che negli anni '50. Sapete perché? Perché stanno perdendo. L'amore ha vinto ovunque abbia combattuto. Ci vorrà ancora tanto, troppo tempo, ma stiamo vincendo. Ricordatevelo.

È la fine di luglio e non so come andrà per la legge che porta il mio nome. So che sono ottimista, so che ci credo, so che abbiamo ragione, so che è una legge che le donne e gli uomini di questo paese meritano, ma non posso essere sicuro che passerà, nessuno lo è, la democrazia è troppo complessa per avere questo tipo di certezze. Ma qualunque sia l'esito di quella singola votazione al Senato italiano, non dimenticate mai che stiamo vincendo noi. Chi sceglie la giustizia e l'amore in tutte le sue forme non perde mai.

Ringraziamenti

Ringrazio Gugliemo Masin, per essermi sempre accanto, Giacomo Portas, per avermi incoraggiato a scrivere questo libro, Daniele Pratolini, per l'infinita pazienza e Ferdinando Cotugno, Pierpaolo Piccioli, Flavio&Frank, Gigi Buonsante e Cinzia Torro.

E tutto il meraviglioso staff di Piemme che ha fatto squadra sin dall'inizio per la realizzazione di questo progetto.

Bibliografia

Alliva, S., *Caccia all'omo. Viaggio nel paese dell'omofobia*, Fandango Libri.
Alliva, S., *Fuori i nomi! Intervista con la storia italiana Lgbt*, Fandango Libri.
Battaglia, F.M., *Ho molti amici gay. La crociata omofoba della politica italiana*, Bollati Boringhieri.
Buffoni, F., *Silvia è un anagramma*, Marcos y Marcos.
Cirinnà, M., *L'Italia che non c'era*, Fandango Libri.
Coccioli, C., *Fabrizio Lupo*, Marsilio.
Cuter, E., *Ripartire dal desiderio*, Minimum Fax.
Dall'Orto, G., Dall'Orto, P., *Figli diversi*, Sonda.
De Leo, M., *Queer. Storia culturale della comunità LGBT+*, Einaudi.
Grillini, F., *Ecce Omo*, Rizzoli.
Kafer, A., *Feminist, Queer, Crip*, Indiana University Press.
La Torre, C., *Nessuna causa è persa*, Mondadori.
Lepore, F., *Il delitto di Giarre*, Rizzoli.
Lingiardi, V., *Citizen gay. Affetti e diritti*, Il Saggiatore.
Marcasciano, P., *Tra le rose e le viole*, edizioni Allegre.
McRuer, R., *Crip Theory*, New York University Press.
Mieli, M., *Elementi di critica omosessuale*, Feltrinelli.
Murgia, M., *Stai zitta*, Einaudi.
Pedote, P., Poidimani, N., *We will survive! Storia del Movimento LGBTIQ+ in Italia*, Mimesis.
Preciado, P., *Un appartamento su Urano*, Fandango Libri.
Rossi Barilli, G., *Il movimento gay in Italia*, Feltrinelli.
Starita, L., *Canone ambiguo. Della letteratura queer italiana*, Effequ.
Tondelli, P.V., *Camere separate*, Bompiani.
Vaccarello, D., *Evviva la neve*, Mondadori.
Vaccarello, D., *L'amore secondo noi*, Mondadori.

Indice

1	Il paese civile che ancora non c'è	5
2	L'emancipazione del Televideo	17
3	La montagna da scalare	27
4	La bussola dei diritti	39
5	La città dei diritti	53
6	L'amore come atto di cittadinanza	65
7	Educazione democratica	79
8	La trasformazione digitale delle lotte	91
9	La sottile linea arcobaleno	105
10	I ragazzi stanno bene	121
11	Per te	137
12	Epilogo	147
Ringraziamenti		157
Bibliografia		158

Stampato presso L.E.G.O. S.p.A. - Lavis (TN)